100% suikervrij

Basiskookboek

Dit boek is voor mijn oma en voor alle andere oma's.
Vroeg of laat ontdekken we allemaal wat jullie allang weten...

CAROLA VAN BEMMELEN

100% suikervrij

Basiskookboek

SPECTRUM

Colofon

ONTWERP EN OPMAAK OMSLAG EN BINNENWERK Oranje Vormgevers, Eindhoven
FOTO'S Everett Collection, Shutterstock.com
TEKENINGEN RetroClipArt, Shutterstock.com
ISBN 9789000336616
NUR 443

Derde druk, 2014

www.unieboekspectrum.nl
www.sugarchallenge.nl

Spectrum maakt deel uit van Uitgeverij Unieboek | Het Spectrum bv,
Postbus 97
3990 DB Houten

Inhoud

Deel 3 Voeding voor een gezonde bloedsuikerspiegel

6. ZO EET JE JOUW BLOEDSUIKERSPIEGEL GEZOND

7. ZO DRINK JE JOUW BLOEDSUIKERSPIEGEL GEZOND

8. SUIKERS EN ZOETSTOFFEN

Deel 4 Recepten

9. RECEPTEN

Deel 5 Bijlagen

Sugarchallenge Support

Voorwoord
Hollands welvaren!

DIE TERM WAS ABSOLUUT OP MIJ VAN TOEPASSING IN MIJN KINDERJAREN. DIT OVERIGENS TOT GROTE TEVREDENHEID VAN MIJN OUDERS. IK WAS EEN BLAKENDE FERME DOCHTER, HET TOONBEELD VAN GEZONDHEID! BIJ ONS THUIS WERD ER DAN OOK 'GOED' GEGETEN. DAT BETEKENDE ZOVEEL MOGELIJK VOLGENS DE SCHIJF VAN VIJF VAN HET VOORLICHTINGSBUREAU VOOR DE VOEDING, DE VOORLOPER VAN HET VOEDINGSCENTRUM. EN: NATUURLIJK ALTIJD NETJES HET BORD LEEG ETEN!

Standaard at ik vijf tot zes boterhammen per dag. Besmeerd met een laagje Volle Pond van Gouda's Glorie en belegd met kaas, ham, leverworst, kipfilet, sandwichspread, kokosbrood of jam. Dat spoelde ik weg met minimaal drie glazen melk. Want zuivel was goed voor je botten en een landelijke campagne deed je geloven dat je zonder dat ogenblikkelijk uit zou groeien tot een bleek, slap, groot mens wiens botten zo doormidden konden breken. 's Avonds volgde dan de warme hap: een royale portie aardappelen en groente, stukje vlees met een sjuutje en natuurlijk een toetje. Plus, heel belangrijk: minimaal drie (maar vaak meer) tussendoortjes per dag: ontbijtkoek, fruit, Liga, chocola, koekjes, wat er maar voorhanden was. Op die manier at ik me kranig door mijn dips en vermoeidheid heen. Het gekke was dat hoe vaker ik iets at, hoe meer verlangen ik had naar nóg meer eten. Zo nestelde het 'vraatzaadje', vrolijk gevoed door al die zoete hapjes, zich al snel in mijn systeem en maakte dat ik uitgroeide tot een forse volwassene, Hollands welvaren ver voorbij! Pogingen om het tij te keren hadden maar beperkt succes en waren meestal van korte duur.

Als ik, met de kennis van nu, kijk naar mijn voedingspatroon van toen, is het niet zo gek dat ik last had van overgewicht en een scala aan gezondheidsklachten. Ik kreeg er toch gauw zo'n 30 tot 35 suikerklontjes per dag mee binnen, oftewel zo'n 60 kilo suiker per jaar! Had ik toen geweten dat zowel mijn overgewicht als mijn klachten terug te voeren waren op een sterk schommelende bloedsuikerspiegel en een daardoor ontwikkelde insulineresistentie, dan was me een hoop ellende bespaard gebleven. Want daar is namelijk op een eenvoudige en snelle manier iets aan te doen, zo heb ik zelf ervaren!

Daarom ben ik ook zo blij met dit boek van Carola. Het maakt op een boeiende en heldere manier duidelijk hoe lichaamsprocessen verlopen als je (te veel) suiker of voedingsmiddelen eet die zich in je lichaam gedragen als suiker. Een inzicht dat ik graag had gehad op het moment dat het er voor mij toe deed. Het toont overtuigend aan dat we, eenvoudig door het aanpassen van onze voeding, zelf grote invloed kunnen uitoefenen op onze gezondheid en welbevinden. Dit geldt niet alleen voor mensen met overgewicht; ook slanke mensen kunnen last hebben van een bloedsuikerspiegel die uit balans is en dus baat hebben bij de adviezen die in dit boek worden gegeven. Er wordt de laatste tijd veel geschreven over suiker. Je vraagt je dan wellicht ook af: brengt dit boek nog wel iets nieuws? Dat is absoluut het geval! In drie simpele stappen begeleidt Carola je door de wondere wereld van bloedsuikermanagement. Samen met haar maak je de stap van suikerverslaafd naar suikervrij en van suikervrij naar suikerbewust. Je ontvangt inspirerende en praktische tips om je bloedsuikerspiegel in balans te brengen met het juiste eten en drinken. Met makkelijke recepten voor heerlijke en voedzame gerechten, waarbij de nadruk ligt op wat er allemaal wél mag in plaats van wat er niet mag. Dat maakt dit boek tot een zeer praktisch boek, waarin niet alleen het 'wat' en 'waarom', maar in ruime mate ook het 'hoe' aan bod komt. Een boek waarmee je dus direct aan de slag kunt, want inzicht is belangrijk, maar inzicht alleen brengt nog geen verandering. Het unieke is dat er ook ondersteuning wordt gegeven door middel van speciaal ontwikkelde Sugarchallenge Programma's met een bijbehorende besloten Facebookgroep, waar je met ervaringsgenoten tips kunt uitwisselen, vragen kunt stellen en wordt gemotiveerd je nieuw verworven leefstijl te verankeren in je dagelijkse bestaan. Dat maakt het tot een doeltreffend totaalplan voor jouw gezondheid.

Het feit dat je dit boek hebt gekocht betekent dat je al een eerste stap hebt gezet in de richting van een gezondere leefstijl. Dat je hebt besloten het heft in eigen hand te nemen en actief met je gezondheid aan de slag wilt gaan. En dat je de verantwoordelijkheid daarvoor ook heel duidelijk neemt. Dit boek is een waardevolle gids op je pad naar een gezondere leefstijl. Ik wens je veel succes op jouw ontdekkingstocht, maar bovenal: geniet van deze reis!

Gertie Tuller

Voedingsdeskundige en orthomoleculair gewichtsconsulent en specialist in het aanpakken van lichamelijke oorzaken die succesvol afvallen en een vitaal leven in de weg staan. **WWW.JOUW-LEEFSTIJL.NL**

Inleiding

TOEN IK BEGON MET MIJN SUIKERVRIJE AVONTUUR WAS HET AF EN TOE EEN BEHOORLIJKE ZOEKTOCHT. WAT KON IK WEL ETEN EN WAT NIET? WAAR MOEST IK ALLEMAAL OP LETTEN EN HOE ZAT HET NOU EIGENLIJK IN ELKAAR: SUIKERVRIJ ETEN? ZELFS ALS FOOD- EN LIFESTYLECOACH BEN IK ER NOG AARDIG DRUK MEE GEWEEST OM ALLES UIT TE PLUIZEN. ECHT OVERAL LEEK NAMELIJK SUIKER IN TE ZITTEN, EN ALS ER GEEN SUIKER IN ZAT DAN WAS ER WEL IETS ANDERS MEE AAN DE HAND. OM MOEDELOOS VAN TE WORDEN...

Totdat ik stopte met kijken naar wat er allemaal niet (meer) kon en de focus verlegde naar wat er allemaal wel mogelijk was! Ik liet het oude echt los en gaf me volledig over aan mijn nieuwe leefstijl. Er ging letterlijk en figuurlijk een nieuwe wereld voor me open en ik vond het geweldig. In die wereld ging ik nieuwe groenten ontdekken, vond ik nieuwe bereidingsmethoden en probeerde ik nieuwe gerechten en ingrediënten. Ik ontdekte nieuwe kookboeken en recepten met gezonde voeding en ben naar hartenlust aan het experimenteren geslagen. Zo maakte ik lunchgerechten zonder brood, ontdekte ik hoe lekker ontbijt kan zijn en kwam menig vriendin graag bij me eten om alle suikervrije experimenten te proeven.
Ondersteund door alle leden van de Sugarchallenge Facebookgroep kregen mijn suikervrije leefstijl en visie steeds meer vorm. Het enige nadeel aan mijn nieuwe 'gezonde kookboeken' vond ik soms de ingewikkelde gerechten met vaak lastig verkrijgbare en veelal ook kostbare ingrediënten. Alhoewel ik nooit heb bezuinigd op mijn voeding en gezondheid, had ik toch echt geen zin om kapitalen uit te geven aan eten en al helemaal niet om urenlang in de keuken te staan. Bovendien stond ik me af en toe met mijn boodschappenlijstje in de supermarkt echt wezenloos te zoeken.

Gezond eten is goedkoper!

Naarmate ik meer in mijn suikervrije leefstijl groeide, kwam ik erachter dat het eigenlijk allemaal heel eenvoudig is én begon ik in de supermarkt geld over te houden. Bovendien spaarde ik veel tijd uit omdat ik alleen nog maar kocht wat ik nodig had en over de rest niet meer na hoefde te denken. Ik ontdekte ook dat de supermarkt wel degelijk heel veel te bieden heeft als het gaat om gezonde voeding en vond ook daarin mijn weg.

Tegenwoordig maak ik een aantal keren per jaar een stop bij de natuurvoedingswinkel om daar de benodigde basisproducten in te slaan die helaas (nog) niet verkrijgbaar zijn in de supermarkt. De rest vul ik aan met producten uit de super om de hoek.
De mythe dat gezond eten duur is en alleen maar verkrijgbaar in de biologische winkel, is voor mij echt onzin. Uit eigen ervaring weet ik inmiddels dat ik voor 90 procent van al mijn boodschappen gewoon in de supermarkt terecht kan. Gelukkig staan steeds meer supermarkten open voor de vraag van de consument naar eerlijke en gezonde producten.
Op mijn vraag aan Sugarchallenge-deelnemers waaraan ze behoefte hebben, kreeg ik steeds weer als antwoord: een kookboek voor de 'gewone' mens. Met eenvoudige en smakelijke gerechten voor iedere dag die ook goed te maken zijn als je geen keukenprinses bent en/of geen tijd hebt om uren in de keuken te staan. Recepten die bovendien betaalbaar zijn en goed te combineren zijn met een gezin en/of een drukke leefstijl. Ik heb met veel plezier aan die oproep gehoor gegeven.

Terug naar de basis

IK BEN VOOR DIT KOOKBOEK TERUGGEGAAN NAAR DE TIJD DAT VOEDING NOG GEEN 'DING' WAS EN NOG HERKENBAAR WAS ALS VOEDING. DE TIJD WAARIN SUIKER NOG EEN DELICATESSE WAS WAAR JE AF EN TOE HEERLIJK VAN KON GENIETEN EN WAARIN DRIE KEER PER DAG EEN VOEDZAME MAALTIJD EERDER REGEL WAS DAN UITZONDERING. IN DEZE TIJD WERD VEEL ZORG EN AANDACHT AAN ETEN BESTEED EN WERD ETEN NOG NIET RESPECTLOOS IN EEN BAKJE GESTOPT 'VOOR IN DE MAGNETRON'.

Voeding bestond nog niet uit prachtige verpakkingen met de meest waanzinnige kreten erop en allerlei exotische vruchtensoorten. Een appel had nog wormengaatjes en stoofvlees stond nog uren te pruttelen op het fornuis. In deze tijd kwam diabetes type 2 alleen maar voor bij oudere mensen en was obesitas eerder een uitzondering dan een regel. Dit was de tijd van mijn oma. Mijn oma was getrouwd met een groenteman en wist dan ook oneindig veel heerlijke gerechten te maken. Ik had overigens een hele hippe oma, zo eentje die altijd vol verve iedere vernieuwing verwelkomde. Ook bij haar kwamen dus al snel de 'nieuwerwetse' voedingsgewoonten op tafel en deden de pakjes en de zakjes hun intrede. Ze is een aantal jaren geleden gestorven, aan de gevolgen van diabetes. Haar verhaal is voor mij inmiddels een oneindige inspiratiebron geworden. Dit boek is dan ook een beetje haar boek. Eigenlijk hebben we het samen gemaakt. Haar inspiratie heeft mij geholpen om een combinatie te maken van haar keuken en de mijne. Om de kracht en gezondheid van toen te combineren met het gemak en de geneugten van nu.

Oud en nieuw, samen sterk

Hoe mooi is het dat we de aloude natuurprincipes kunnen combineren met alles wat we de afgelopen decennia hebben ontdekt en geleerd? Mijn oma zei altijd tegen me: 'Kind, verwelkom het nieuwe en behoud het goede van het oude.' Hoe wijs is dat. En ze had gelijk. Juist het oude wordt meer waard als je het verrijkt met het nieuwe.
Dit Sugarchallenge-basiskookboek helpt je daarom veel oude wijsheden te combineren met nieuwe inzichten. Naast de basisprincipes van een goed bloedsuikermanagement, ontdek je aan de hand van ruim honderd eenvoudige suikervrije recepten dat het eigenlijk heel makkelijk is om suikervrij te koken en te eten met het hele gezin. We gaan dus terug naar de basis, maar dan wel op een manier die helemaal past bij de huidige tijd.

Ik hoop dat dit boek jou net zo zal inspireren als het mij heeft gedaan en wens je ontzettend veel kookplezier!

Carola

PS ben je een lezer van een van de eerste 4 drukken van mijn eerste boek *100% Suikervrij in 30 dagen*, dan zul je in dit boek wellicht enige verschillen merken ten aanzien van de toegestane suikers tijdens de Sugarchallenge. Dit heeft ermee te maken dat op basis van de ervaringen van de Sugarchallenge deelnemers de regels van de Sugarchallenge zijn aangescherpt. Hierdoor is alles nog overzichtelijker en éénduidiger geworden ten aanzien van het bereiken en behouden van een gezonde bloedsuikerspiegel!

1 Suiker en je gezondheid

1. Hoe we massaal dik en ziek worden van suiker

ALS JE OM JE HEEN KIJKT, DAN ZIE JE DAT WE MET Z'N ALLEN AFKOERSEN OP EEN ENORM EN NIET TE ONDERSCHATTEN PROBLEEM. EEN PROBLEEM DAT IEDEREEN IN ONZE WESTERSE MAATSCHAPPIJ RAAKT, IS HET NIET DIRECT, DAN WEL INDIRECT. OUD ÉN JONG... DIT PROBLEEM IS EEN STEEDS ONGEZONDER WORDENDE, TE DIKKE EN FUTLOZE BEVOLKING. WE LIJDEN MASSAAL AAN WELVAARTSZIEKTEN ALS KANKER, HART- EN VAATZIEKTEN, DIABETES EN REUMA. OOK HET AANTAL ZIEKTEN DAT 'TUSSEN DE OREN' ZIT NEEMT HAND OVER HAND TOE. HIERBIJ KUN JE DENKEN AAN CHRONISCHE VERMOEIDHEID, DEPRESSIES, ALLERGIEËN, MIGRAINE EN ALLERHANDE NIET TE VERKLAREN ZIEKTEN WAARBIJ PATIËNTEN UITEINDELIJK VAN DE ARTS TE HOREN KRIJGEN DAT ZE 'ER MAAR MEE MOETEN LEREN LEVEN...'

Met name voor diabetes en obesitas geldt dat dit echt een groot probleem aan het worden is. Evenals de hart- en vaatziekten en chronische vermoeidheid. Heel langzaam, maar zeer gestaag, koersen we af op situaties zoals deze in de Verenigde Staten al gewoon zijn geworden. Volgens recente cijfers van het diabetesfonds krijgen dagelijks 249 personen te horen dat ze diabetes type 2 hebben. Daarnaast zijn er zeker nog een miljoen mensen die rondlopen met diabetes type 2 zonder dat ze het zelf weten. Naar verwachting heeft over ongeveer twintig jaar zelfs 30 procent van de bevolking diabetes. Dat is één op de drie mensen!

Het lijkt misschien een ver-van-je-bed-show, maar de waarheid is dat het dichterbij is dan ooit. Ook voor jou. Ook als jij een van de gelukkigen bent met een slank lichaam of als je regelmatig sport en al gezond leeft. Je kunt het je misschien niet direct voorstellen, maar zelfs dan loop je gevaar!

Ons lichaam loopt op suikers

SUIKER IS EEN BELANGRIJKE BRANDSTOF VOOR DE HERSENEN, MAAR OOK VOOR DE REST VAN HET LICHAAM. SUIKER ZORGT ERVOOR DAT WE IEDERE DAG GOED KUNNEN FUNCTIONEREN, HELDER KUNNEN DENKEN EN VOLDOENDE ENERGIE HEBBEN. OM DE SUIKERENERGIE TE KUNNEN GEBRUIKEN, DIENT ZE EERST DOOR DE CELLEN TE WORDEN OPGENOMEN. HIERVOOR IS HET HORMOON INSULINE VERANTWOORDELIJK, DAT WORDT AANGEMAAKT DOOR DE ALVLEESKLIER.

Via ons bloed worden de voedingsstoffen (veelal in de vorm van glucosesuikers) naar de cellen getransporteerd. Hier zorgt de insuline er vervolgens voor dat de cellen zich openen en de suikers opnemen. Mocht er meer suikerenergie beschikbaar zijn dan het lichaam nodig heeft (of op kan nemen) dan wordt deze energie onder invloed van insuline opgeslagen als vet. Het hormoon insuline speelt dan ook een sleutelrol in de energievoorziening van het lichaam. Echter, onze huidige (veel te hoge) suikerconsumptie zorgt er bij veel mensen voor dat de alvleesklier zulke grote hoeveelheden insuline produceert dat de lichaamscellen er niet meer op reageren. Dit betekent dat de suikerenergie nog maar voor een deel wordt opgenomen door de cellen en dat het overgrote deel van onze voeding direct wordt opgeslagen als vet. Hierbij ontstaat de situatie dat het lichaam langzaam ondervoed raakt en toch steeds dikker wordt. Onderstaande tabel laat zien hoeveel suiker je lichaam volgens het Ministerie van Volksgezondheid per dag nodig heeft om goed te kunnen functioneren. Overigens: deze suikers krijg je al binnen als je normale, gezonde voeding eet en hoef je dus niet extra in te nemen! Ter vergelijking heb ik in de rechterkolom de gemiddelde dagelijkse suikerconsumptie vermeld zoals ik deze zie bij mijn cliënten.

Let op: meestal zijn dit mensen die al jaren van het ene naar het ander dieet zwerven en dus al redelijk bewust eten. Helaas heeft niemand hun verteld over het effect van suiker op hun gewicht en gezondheid...

GESLACHT	BENODIGDE HOEVEELHEID SUIKER PER DAG	IN KLONTJES SUIKER	GEM. CONSUMPTIE PER DAG IN KLONTJES SUIKER	% ADH
MAN	25 gram	5	35	+ 600%
VROUW	20 gram	4	35	+ 775%
KIND	15 gram	3	45	+ 1400%

Gezien deze getallen is het in mijn ogen dan ook niet verwonderlijk dat zoveel mensen op dit moment worstelen met hun gewicht en gezondheid. We eten veel meer suiker dan ons lichaam op kan nemen. Van de 35 klontjes die een man dagelijks aan suiker consumeert, zou je kunnen zeggen dat bij een normale levenswijze ongeveer 30 klontjes direct worden opgeslagen als vet. Op jaarbasis betekent dit al snel zo'n twee tot vier kilo overgewicht.

We eten veel te veel suiker

ZOALS JE HIERBOVEN ZIET, EET DE GEMIDDELDE NEDERLANDER DAGELIJKS VEEL TE VEEL SUIKER. Onze enorm hoge consumptie van suiker en snelle koolhydraten zorgt ervoor dat de 'depots' voor reservesuikers in ons lichaam overlopen, waardoor veel van de energie, die we eten én drinken, direct wordt opgeslagen als vet. Kortom: we tanken iedere dag een volle tank brandstof en verbranden misschien een kwart. In tegenstelling tot een benzinetank, waarbij het teveel aan brandstof overstroomt, slaat ons lichaam alles op als reserve.

OOK ALS JE AL HEEL GEZOND EET EN SUIKERS ZOVEEL MOGELIJK VERMIJDT, IS DE KANS GROOT DAT JE NOG BEHOORLIJK WAT SUIKERS BINNEN KRIJGT. VERREWEG DE MEESTE SUIKERS (ONGEVEER 85 PROCENT) ETEN WE ONGEMERKT DOORDAT ZE IN ALLERLEI PRODUCTEN ZIJN 'VERSTOPT' OF DOORDAT WE PRODUCTEN ETEN DIE ZICH IN HET LICHAAM GEDRAGEN ALS SUIKER (DE ZOGENAAMDE 'SNELLE KOOLHYDRATEN'). SLECHTS 15 PROCENT VAN ONZE SUIKERCONSUMPTIE ETEN WE BEWUST IN DE VORM VAN ZOETIGHEID, SNOEP, CHOCOLADE EN SUIKER IN KOFFIE EN THEE. MET ALLEEN HET LATEN STAAN VAN DE ZICHTBARE SUIKERS BEN JE ER DUS NIET.

Suiker, een wolf in schaapskleren...

Gelukkig zijn er steeds meer mensen die inzien dat onze huidige suikerconsumptie verre van gezond is. Het begint langzaam tot ons door te dringen dat te veel suiker niet alleen zorgt voor gaatjes in de kiezen, maar dat het veel meer doet. Het eten van te veel suiker verstoort de balans in je lichaam en kan onder andere zorgen voor:

★ OVERGEWICHT
★ DIABETES TYPE 2
★ HART- EN VAATZIEKTEN
★ OVERMATIGE SCHIMMELVORMING IN DE DARMEN ZOALS CANDIDA
★ EEN TE HOOG CHOLESTEROLGEHALTE
★ HYPOGLYKEMIE
★ VROEGTIJDIGE VEROUDERING
★ STAAR
★ SPATADEREN
★ BOTONTKALKING
★ ALZHEIMER

Bijlage 6 toont je een complete lijst met klachten en ongemakken die worden veroorzaakt door suiker.

EEN KLEIN BEETJE SUIKER KAN TOCH GEEN KWAAD?

NIETS IS MINDER WAAR! HET PRINCIPE VAN SPAREN IS DAT JE IEDERE DAG EEN KLEIN BEETJE APART LEGT ZODAT JE AAN HET EIND VAN EEN PERIODE EEN HELEBOEL HEBT. ZO IS HET OOK MET SUIKER. IEDERE DAG EEN KLEIN BEETJE TE VEEL SUIKER CONSUMEREN BRENGT JE LICHAAM STEEDS VERDER UIT BALANS. TOTDAT JE OP EEN DAG IN DE SPIEGEL KIJKT EN JE AFVRAAGT WAT ER IS GEBEURD...

100% suikervrij in 30 dagen

IN MIJN BOEK *100% SUIKERVRIJ IN 30 DAGEN* GA IK UITGEBREID IN OP DE GEVAREN VAN EEN TE HOGE SUIKERCONSUMPTIE.

Ik bespreek de verschillende soorten suiker, redenen waarom we suiker eten, de effecten van suiker op je gezondheid, hoe je een suikerverslaving herkent en wat je eraan kunt doen. Ook helpt het boek je ontdekken waarom diëten niet werken en hoe het komt dat je dikker wordt van suiker en snelle koolhydraten (en niet van vet). Maar ook: hoe je dat proces door middel van de Sugarchallenge kunt omkeren!

2

Sugarchallenge in drie stappen suikervrij

2. Wat is Sugarchallenge?

OM AF TE KICKEN VAN MIJN EIGEN SUIKERVERSLAVING BEN IK IN JUNI 2012 SAMEN MET EEN VRIENDIN BEGONNEN MET DE 'SUGAR-CHALLENGE'. WE BESLOTEN OM 30 DAGEN GEEN SUIKER TE ETEN EN TE DRINKEN. OMDAT WE WEL EEN EXTRA STOK ACHTER DE DEUR KONDEN GEBRUIKEN (WE WAREN NAMELIJK BEHOORLIJKE SUIKERJUNKS) HEBBEN WE EEN OPROEPJE OP FACEBOOK GEPLAATST.

In plaats van met het verwachte groepje van ongeveer vijf personen, zijn we samen met ruim 350 mensen gestart met onze Sugarchallenge, met prachtige resultaten. Inmiddels zijn we vele duizenden deelnemers en succesverhalen verder en groeit de Sugarchallenge-groep langzaam uit tot een (internationale) beweging van formaat. Steeds meer mensen kiezen ervoor om te stoppen met suiker en doen 30 dagen suikervrij mee. Na afloop beslist het overgrote deel om verder te gaan met een suikervrije of suikerbewuste leefstijl!

In 30 dagen van suikerverslaafd naar suikervrij!

DE SUGARCHALLENGE IS EEN PERSOONLIJKE UITDAGING DIE JE AANGAAT MET JEZELF EN BESTAAT ERUIT DAT JE 30 DAGEN LANG GEEN SUIKER EET EN DRINKT.

In deze maand laat je dus alle voeding en dranken staan die suiker bevatten en/of zich als suiker gedragen in jouw lichaam. Op die manier breng je jouw bloedsuikerspiegel in balans en ga je al na een paar weken ervaren hoeveel energie er vrijkomt als je geen suiker meer eet. Je voelt hoe de verbinding met je lichaam zich weer verdiept en hoe de balans in je lichaam heel snel weer herstelt. Ook merk je dat allerlei kwaaltjes en ongemakken verdwijnen en/of verminderen. En, niet geheel onbelangrijk: je gaat zeer waarschijnlijk gewicht verliezen! Uiteraard heb je na jouw Sugarchallenge zelf de keuze om je nieuwe suikervrije leefstijl te continueren of om over te gaan op een suikerbewuste leefstijl.

Zeg JA tegen jezelf!

MISSCHIEN DENK JE NU DAT HET MOEILIJK IS OM DE SUIKER TE LATEN STAAN, MAAR EENMAAL BEGONNEN ONTDEKKEN VEEL MENSEN DAT HET EIGENLIJK REUZE MEEVALT. DE MEESTE WEERSTAND KOMT VOORT UIT HET FEIT DAT JE NIET WEET HOE JE HET MOET DOEN EN DAT HET VAAK ZO VERVELEND IS OM NEE TE ZEGGEN TEGEN EEN ANDER, OM ANDERS TE ZIJN.

Stoppen met suiker staat in mijn ogen echt voor kiezen voor jezelf, voor JA zeggen tegen jezelf. Door mee te blijven gaan in de gewoonten van anderen loop je het enorme risico dat je uiteindelijk niet alleen jezelf, maar ook jouw gezondheid kwijtraakt. En weet je wat het grappige is? Door echt te kiezen voor jezelf inspireer je (soms na wat gesputter) uiteindelijk ook anderen! Vaak alleen al doordat ze zien hoe jij al heel snel lekkerder in je vel zit!

Bevrijd jezelf uit de suikerspiraal

ALS JE DE KEUZE VOOR JEZELF EENMAAL GEMAAKT HEBT EN BEREID BENT OM TE ONDERZOEKEN HOE HET SUIKERVRIJE LEVEN IN ELKAAR ZIT, DAN GAAT HET AL VRIJ SNEL VANZELF. DE 100% SUIKERVRIJ-BOEKEN EN DE SUGARCHALLENGE-PROGRAMMA'S HELPEN JE HIERIN OP WEG.

Ik nodig je van harte uit om, net als al die duizenden anderen, jezelf te bevrijden uit de eindeloze suikerspiraal en jouw eigen Sugarchallenge aan te gaan. De enige manier om te ontdekken wat suiker doet in jouw lichaam is door 30 dagen lang alle suikers, zoetstoffen, producten die suikers en/of zoetstoffen bevatten en producten die zich in je lichaam gedragen als suiker te laten staan. Pas dan zul je in jouw lijf voelen en ervaren van hoeveel energie dit giftige witte goedje je iedere dag berooft en hoe vrij en energiek je je gaat voelen!

Drie stappen

DE SUGARCHALLENGE BESTAAT UIT DRIE STAPPEN:

★ 1. DE VOORBEREIDINGSFASE.

In deze fase bereid je je voor op jouw suikervrije maand. Je gaat je keuken opruimen, suikerrijke voeding afbouwen, 'Sugarchallenge-proof' producten shoppen, lekkere recepten verzamelen en je bereidt je gezinsleden voor op jouw (of jullie gezamenlijke) suikervrije avontuur!

★ 2. DE SUIKERVRIJE FASE.

Dit is jouw Sugarchallenge! In deze fase, die 30 dagen duurt, ga je van suikerverslaafd naar suikervrij. Deze fase is een strengere fase waarin je bijna alle suikers dient te laten staan zodat je lichaam pijlsnel de bloedsuikerspiegel weer in balans kan brengen. Je gaat in deze fase ontdekken hoe lekker suikervrij eten is en dat een suikervrije leefstijl eigenlijk heel eenvoudig is.

★ 3. DE SUIKERBEWUSTE FASE.

Deze derde en laatste fase helpt je om zonder terug te vallen weer af en toe (gezonde) suikers te eten. Je ontdekt waar je op dient te letten als je suiker wilt eten en welke keuzes je het beste kunt maken. Met name het managen van je bloedsuikerspiegel staat in deze fase centraal. Het doel van deze fase is dat je uiteindelijk alles weer kunt eten omdat je weet hoe je jouw bloedsuikerspiegel in balans houdt. Hierdoor hoef je je geen zorgen meer te maken over je gezondheid en gewicht.

3. Sugarchallenge fase 1 de voorbereidingsfase

VOORDAT JE AAN JOUW SUGARCHALLENGE BEGINT, IS HET BELANGRIJK DAT JE JE GOED VOORBEREIDT. EEN GOEDE VOORBEREIDING ZORGT ERVOOR DAT JE WEET WAT JE TE WACHTEN STAAT EN DAT JE JE HEEL EENVOUDIG DOOR JOUW SUIKERVRIJE MAAND HEEN SLAAT.

Het helpt je bij het verminderen van eventuele ontgiftingsverschijnselen en zorgt ervoor dat je al een beetje gewend bent aan je nieuwe leefstijl op het moment dat jouw Sugarchallenge van start gaat. De voorbereidingsfase duurt maximaal tien dagen. Als je wilt, kun je ervoor kiezen om tijdens deze fase extra ondersteuning te ontvangen door middel van het gratis Sugarchallenge Voorbereidingsprogramma. Achterin het boek vind je hierover meer informatie.

TIJDENS DE VOORBEREIDINGSFASE GA JE ONTDEKKEN

- ★ WAT GEZONDE VOEDING IS EN WAT JE WEL EN WAT JE (BETER) NIET MEER EET;
- ★ HOE JE HET BESTE BOODSCHAPPEN KUNT DOEN;
- ★ WAT ER IN EEN SUIKERVRIJE KEUKEN AANWEZIG HOORT TE ZIJN;
- ★ HOE JE JOUW SUIKERCONSUMPTIE HET BESTE AF KUNT BOUWEN.

Gezonde voeding

TIJDENS HUN OPLEIDING ONTVANGEN ARTSEN WELGETELD EEN HALVE DAG INFORMATIE OVER VOEDING. EN DAT TERWIJL GEZONDE VOEDING EEN BELANGRIJKE BASISVOORWAARDE IS VOOR EEN GEZOND LICHAAM EN EEN ENERGIEK LEVEN.

Helaas is ruim 80 procent van de voeding die we op dit moment in de supermarkt kopen niet geschikt voor ons lichaam. Het is kunstmatig geproduceerd met ingrediënten en toevoegingen waar ons lichaam niets mee kan. Eigenlijk is het gewoon gif. Maar ja, dat klinkt ook zo naar... Toch is het zo. We eten het omdat het lijkt op voeding, omdat het lekker smaakt, omdat het makkelijk is en omdat de stoffen die erin zijn verwerkt ervoor zorgen dat we meer willen. Gezonder worden we er echter niet van en energie geeft het ons ook niet.

Er zijn legio verhalen bekend van mensen die van hun ziektes zijn genezen door te stoppen met het eten van voorbewerkte voeding en over te stappen op voeding zoals de natuur het heeft bedoeld. Toch is voeding in de huidige medische wetenschap nog steeds een ondergeschoven kindje waaraan artsen nog vrij weinig aandacht schenken. Waarschijnlijk omdat er op gezonde voeding geen patenten kunnen worden aangevraagd (waarmee veel geld kan worden verdiend) en het daardoor commercieel niet interessant is. Het voorschrijven van medicijnen is dan ook in veel gevallen makkelijker en lucratiever. Overigens dien ik hier wel eerlijk bij te vermelden dat veel patiënten van hun arts verwachten dat hij 'een pilletje' voorschrijft en soms zelfs agressief worden als dat niet gebeurt. Het ligt dus echt niet alleen aan de artsen, ook onze bereidheid tot het nemen van onze eigen verantwoording op het gebied van onze gezondheid is hierin een belangrijke factor.

Zeker als het over voeding gaat zijn er vele waarheden. Met name de voedingsindustrie heeft ons jarenlang (driftig ondersteund door de overheid) doelgericht geprogrammeerd via reclames, voorlichtingscampagnes en pr-offensieven op radio, tv en in de gedrukte media. Met als gevolg dat we nu zijn gaan geloven dat het gezond is om Chocopops met melk als ontbijt te eten, dat Cola-light ervoor zorgt dat je niet dik wordt, dat je prima een maaltijdreep kunt eten in plaats van een gezonde maaltijd, dat soep uit blik net zoveel voedingsstoffen bevat als vers gemaakte soep en dat een kop koffie een prima alternatief is voor een glas water...

We slikken het allemaal voor zoete koek en luisteren liever naar de reclameboodschappen dan dat we luisteren naar en voelen wat ons lichaam vertelt. Eigenlijk, diep vanbinnen, weten we dat het niet klopt. Dat ons lichaam dit helemaal niet wil. Ons lichaam wil zich goed en energiek voelen en heeft daarom behoefte aan gezonde voeding. Het schreeuwt erom. Maar door alle informatie en door alle verschillende zienswijzen van de vele 'gezondheidsgoeroe's, zijn veel mensen de draad kwijtgeraakt waardoor ze het gewoon niet meer weten. Daar komt bij dat de meeste mensen niet meer weten hoe ze moeten koken. Daarom gaan ze veelal maar door met wat ze gewend zijn. En dat terwijl het eigenlijk zo simpel is.

In deel 3 van dit boek leg ik je uit hoe het werkt met voeding en ontvang je alle informatie over de voeding die je nodig hebt om jouw bloedsuikerspiegel (die een sleutelrol vervult bij je stofwisseling en gezondheid) in balans te brengen en te houden. Zodat je vanaf nu weet hoe je jouw lichaam en gezondheid kunt voeden in plaats van het te vullen met allerlei producten waar het niet op zit te wachten.

Boodschappen doen

VOOR VEEL SUGARCHALLENGE-DEELNEMERS IS HET DOEN VAN BOODSCHAPPEN INEENS EEN NIEUW AVONTUUR (EN IN SOMMIGE GEVALLEN EEN REGELRECHTE UITDAGING). REGELMATIG ZIE IK IN DE FACEBOOKGROEP DE OPMERKING VOORBIJKOMEN DAT ER NU 'NIETS MEER MAG'.

Maar niets is minder waar. Door het aangaan van de Sugarchallenge ga je als het ware een nieuw gebied ontginnen en ontdekken. Een gebied dat nog onbekend is. Ik vergelijk het altijd met het leren van een vreemde taal. In het begin denk je dat je niets kunt zeggen, maar naarmate je meer en meer woorden leert en zinnen gaat maken, merk je dat je je ook in een andere taal steeds beter kunt uitdrukken totdat je moeite hebt om je je eigen taal te herinneren. En dan wordt het leuk! Een vreemde taal leer je alleen maar door het te gaan spreken. Zo gaat dat ook met een nieuwe leefstijl. Belangrijke sleutelwoorden om goed in je oren te knopen zijn dan ook: DURVEN en vooral DOEN!

Ga de uitdaging aan en durf te experimenteren. Koop eens groenten die je normaal nooit zou kopen, gooi eens een onbekend product in je winkelwagentje en ga daarmee experimenteren. Wees niet bang om iets te koken dat mislukt. In het ergste geval gooi je het weg en maak je iets nieuws (maar met de recepten in dit boek en ook de vele suikervrije-receptensites en kookboeken die je op internet kunt vinden kan het eigenlijk alleen maar lukken). Er is zoveel meer mogelijk dan je nu wellicht denkt en het is zoveel makkelijker dan het nu lijkt – echt, ik spreek uit ervaring!

TIP
MAAK EEN GROTE ONTDEKKINGSTOCHT VAN JOUW NIEUWE LEEFSTIJL. OP DIE MANIER MAAK JE HET LEUK EN SPANNEND VOOR JEZELF. DENK IN MOGELIJKHEDEN EN KIJK NAAR WAT ER ALLEMAAL WÉL 'MAG' EN 'KAN'. ALS JE DAT GAAT DOEN, DAN ZUL JE ZIEN DAT ER EEN NIEUWE EN ONEINDIGE WERELD VOOR JE OPENGAAT!

Suikervrij shoppen in de supermarkt doe je zo

IN *100% SUIKERVRIJ IN 30 DAGEN* BESPREEK IK UITGEBREID EEN RONDJE DOOR DE SUPERMARKT. HIERONDER STAAN DE BELANGRIJKSTE PUNTEN WAAR JE IN DE SUPERMARKT OP DIENT TE LETTEN:

★ Koop alleen producten die je oma nog zou herkennen als voeding.

★ Koop zoveel mogelijk verse producten (deze vind je in de supermarkt over het algemeen in de buitenste cirkel); ook veel diepvriesproducten zijn geschikt, mits ze puur en onbewerkt zijn.

★ Kies voor de volle producten en laat alle light- en vetarme producten staan.

★ Als een product niet groeit of verteert als je het in de grond stopt, dan biedt het je lichaam waarschijnlijk weinig voedingswaarde en kun je het beter laten staan.

★ Lees de etiketten; hier vind je alle informatie over ingrediënten en de voedingswaarde van een product.

★ Als een product meer dan vijf ingrediënten bevat, laat het dan staan.

★ Kies zoveel mogelijk producten van het seizoen. Deze bevatten vaak de voedingsstoffen waar je lichaam in een bepaald seizoen behoefte aan heeft en zijn in het seizoen ook biologisch vaak beter verkrijgbaar en een stuk goedkoper. Ten aanzien van biologisch ben ik overigens kritisch omdat ik heb gemerkt dat er regelmatig misbruik wordt gemaakt van het imago van biologische voeding. In veel biologische voeding wordt suiker gebruikt en deze is dan ook niet geschikt, biologisch of niet...

★ Wen jezelf aan om iedere week één nieuw recept uit te proberen!

ONDER HET KOPJE 'INGREDIËNTEN' OP HET ETIKET KUN JE VINDEN OF ER SUIKERS ZIJN TOEGEVOEGD AAN HET PRODUCT. DE VOEDINGSWAARDE VERTELT JE WELKE VOEDINGSSTOFFEN HET PRODUCT LEVERT EN IN WELKE HOEVEELHEID.

Jouw suikervrije keuken

UIT ERVARING WEET IK DAT AFKICKEN VAN SUIKER HET BESTE WERKT ALS JE HET NIET IN HUIS HEBT. ZEKER OP MOEILIJKE MOMENTEN HELPT HET ALS JE WEET DAT HET ER GEWOON NIET IS (EN DAT ZOEKEN NAAR IETS ZOETS GEEN ZIN HEEFT....). MET ONDERSTAANDE TIPS MAAK JE DAN OOK IN EEN HANDOMDRAAI JOUW KEUKEN SUIKERVRIJ!

Omgaan met medebewoners en/of gezinsleden

Als je niet alleen woont, kan een 'suikerrazzia' nog weleens wat weerstand oproepen van de medebewoners in huis. Toch is mijn ervaring dat je met een paar slimme kunstgrepen daar veel aan kunt doen en ervoor kunt zorgen dat ze minimaal 'last' hebben van de omschakeling naar suikervrij eten en leven. Uiteindelijk profiteren zij ook mee van jouw nieuwe, suikervrije leefstijl door iedere dag vers bereide maaltijden te eten, gemaakt van ingrediënten die zuiver zijn en niet meer bol staan van allerlei chemische en kunstmatige toevoegingen. En daarnaast is er voor hen best nog ruimte voor af en toe iets zoets. Mijn advies is om er geen groot 'ding' van te maken, maar gewoon langzamerhand je kookstijl en de inhoud van de keukenkastjes te gaan vervangen. Vervang steeds een stukje van de suikerhoudende spullen in huis door suikervrij. Vul suikerrijke dingen niet meer aan als ze op zijn, maar ga op zoek naar een lekker alternatief. Ga frisdranken aanlengen met steeds een beetje meer water en haal minder in huis. Op is gewoon op. Daarmee minder je automatisch al de suikerconsumptie. Ook voor desserts en kant-en-klare toetjes zijn prima alternatieven te bedenken, zoals vers fruit of yoghurt met een alternatieve zoetstof. Voor speciale gelegenheden kies je iets lekkers uit dit kookboek! En, heel belangrijk: geef zelf het goede voorbeeld door de keuzes die je maakt. Vooral kinderen hebben de neiging om je te volgen. Als zij zien en voelen dat jij echt achter jouw keuze staat, zullen ze al vrij snel willen wat jij eet of drinkt. Veel kinderen worden zelfs een fanatieke deelnemer en helpen graag met het lezen van etiketten in de winkel. Mijn ervaring is inmiddels dat als je gezinsleden eenmaal gewend zijn aan suikervrij en zelf ervaren hoe lekker en makkelijk het eigenlijk is om zonder suiker te eten, ze niet anders meer willen.

Anja 'Ik heb het als geweldig ervaren, de Sugarchallenge. Ik heb meer energie, ben een stuk helderder in mijn hoofd en voel me veel minder "down". Mijn humeur is stabieler en mijn vetpercentage is behoorlijk gezakt. Van mij krijgt het Sugarchallenge-programma een dikke 9!'

TIP
LET GOED OP DE PLEK OP HET ETIKET WAAR EEN INGREDIËNT VERMELD STAAT! IN PRINCIPE WORDEN DE INGREDIËNTEN IN VOLGORDE VAN BELANGRIJKHEID VERMELD. HET EERSTGENOEMDE INGREDIËNT ZIT DUS HET MEEST IN HET PRODUCT.

Zo maak je jouw keuken 'Sugarchallenge-proof'!

1. RUIM JE KEUKENKASTJES OP

Dit is een perfect klusje om samen met het gezin te doen. Haal alle voedingsmiddelen die je in huis hebt uit je kastjes en check de etiketten op (verborgen) suikers. Kijk hiervoor onder het kopje 'ingrediënten' of er suikers aan het product zijn toegevoegd. Kijk meteen even of de houdbaarheidsdatum nog goed is... En check op andere chemische ingrediënten en E-nummers.

ZELF HOUD IK DE VOLGENDE BASISVRAGEN AAN OM TE BEOORDELEN OF EEN PRODUCT 'KEUKENKASTJESWAARDIG' IS

- ★ Is er suiker, zoetstof of een andere suikervervanger aan toegevoegd?
- ★ Gedraagt het product zich in mijn lichaam als suiker? (Zie bijlage 3 voor een overzicht van producten die zich in je lichaam gedragen als suiker.)
- ★ Zou mijn oma dit nog herkennen als voeding?
- ★ Bestaat het product uit meer dan vijf ingrediënten? (In dat geval ben ik heel kritisch.)

TIP OP DE SUGARCHALLENGE-WEBSITE KUN JE GRATIS DE SUIKERSPIEKPAS DOWNLOADEN MET DAAROP DE MEEST VOORKOMENDE SCHUILNAMEN VOOR SUIKER. PRINT 'M UIT EN STOP 'M IN JE PORTEMONNEE!

2. HOUD GEEN SUIKERS OF LEKKERNIJEN ACHTER VOOR JE KINDEREN, JE PARTNER OF VOOR HET BEZOEK

Veel mensen vinden het vervelend om niets aan te kunnen bieden aan bezoek of bijvoorbeeld kinderen die komen spelen. Je kunt dit heel eenvoudig oplossen door een aantal lekkere dingen te bakken en deze in kleinere porties in te vriezen. Op die manier heb je in een handomdraai toch iets lekkers (en suikervrij) bij de hand. Mijn ervaring is dat de meeste mensen dit zeer op prijs stellen. Vrijwel niemand zit te wachten op enorme hoeveelheden suiker...

3. ZORG DAT JE EEN GOEDE BASISVOORRAAD IN HUIS HEBT

Een goede basisvoorraad zorgt ervoor dat je altijd in staat bent om snel iets te maken. Uiteraard vul je die regelmatig aan met voldoende verse groenten en vers fruit.

Dit staat er in jouw suikervrije keuken

ONDERSTAANDE TABEL GEEFT JE EEN UITGEBREID OVERZICHT VAN DE INHOUD VAN EEN 'SUGARCHALLENGE-PROOF' KEUKENKASTJE

CATEGORIE	PRODUCTEN
GRANEN/ZADEN	★ Zilvervliesrijst* ★ Wilde rijst ★ Quinoa ★ Haver ★ Havermout ★ Boekweitmeel* ★ Teffmeel ★ Amandelmeel ★ Kastanjemeel ★ Quinoameel ★ Kokosmeel
BINDMIDDELEN	★ Johannesbroodmeel ★ Tapiocameel
NOTEN (ONGEBRAND EN ONGEZOUTEN) EN NOTENPASTA'S	★ Amandelen ★ Hazelnoten ★ Walnoten ★ Cashewnoten ★ Paranoten ★ Macadamianoten ★ Pecannoten ★ Pistachenoten ★ Amandelschaafsel ★ Amandelpasta ★ Tahin/sesampasta ★ Cashewpasta ★ Noten/rozijnenpasta
ZADEN EN PITTEN	★ Pompoenpitten ★ Zonnebloempitten ★ Sesamzaad ★ Pijnboompitten ★ Geraspte kokos ★ Psylliumzaad ★ Lijnzaad
BONEN (GEDROOGD OF IN BLIK)	★ Kikkererwten ★ Adukibonen ★ Bruine bonen ★ Witte bonen ★ Linzen
BLIKJES	★ Tonijn ★ Tomatenpuree ★ Zalm ★ Ansjovis
BASIS	★ Zwarte olijven ★ Gedroogde tomaten ★ Roggevolkorencrackers ★ Cacaopoeder ★ Pure chocolade (72% minimaal)* ★ Suikervrije bouillonpoeder/-blokjes ★ Uien ★ Eieren ★ Augurken (zuur) ★ Kappertjes ★ Kokosmelk ★ Wijnsteenbakpoeder
OLIE EN SAUS	★ Biologische tamarisaus ★ Kikkomansaus (zonder suiker, rode dop) ★ Olijfolie ★ Balsamicoazijn ★ Kokosvet ★ Roomboter ★ Sesamolie ★ Tahin ★ Walnootolie ★ Mosterd (scherp) ★ Zelfgemaakte mayonaise of Belgische mayonaise ★ Appelazijn
BASISASSORTIMENT	★ Paprikapoeder ★ Kaneel ★ Kerrie ★ Italiaanse kruiden
KRUIDEN	★ Provençaalse kruiden ★ Gember ★ Zeezout ★ Peper ★ Verse knoflook. Kies altijd voor enkelvoudige kruiden (dus slechts 1 kruidensoort in een verpakking) en niet voor kruidenmixen.
ZOETSTOFFEN	★ Vanille-poeder of vanille-extract ★ Steviablad ★ Honing (koudgeslagen, biologisch)* ★ Kokosbloesemsuiker* ★ Palmsuiker* ★ Dadels* ★ Vijgen* ★ Rozijnen* ★ Gedroogde abrikozen

*vanaf Sugarchallenge fase 3 toegestaan

Tips voor het **afbouwen** van jouw **suikerconsumptie**

- ★ Bouw het aantal tussendoortjes dat je eet af tot maximaal 1 per dag (dit is met name belangrijk als je af wilt vallen), mocht je gewoon op gewicht willen blijven, dan is het prima om meerdere (2-3) tussendoortjes te nemen.
- ★ Laat vanaf nu zoveel mogelijk de pakjes, bakjes en zakjes staan en kies voor zo puur mogelijk voedsel met zo min mogelijk (liefst geen) (kunstmatige) toevoegingen en E-nummers.
- ★ Laat alles met suiker of kunstmatige zoetstoffen staan.
- ★ Bouw suiker in de koffie af en stop met het drinken van frisdranken, zuiveldranken, diksappen en vruchtensappen. Eventueel kun je de consumptie hiervan ook afbouwen door iedere dag meer water toe te voegen.
- ★ Eet fruit bij of na de maaltijd.
- ★ Drink veel water, goed verdeeld over de dag en bouw dit op naar de voor jou gezonde hoeveelheid water per dag. Mocht je koud water drinken lastig vinden, dan kun je ook kiezen voor gekookt water. Eventueel is Spa rood drinken ook in orde.

Ricky 'Ik had helemaal niet verwacht dat ik het zo makkelijk zou vinden om geen suikers te eten. Na vier weken Sugarchallenge is mijn buikomvang met ruim vijf centimeter afgenomen en ben ik bijna vier kilo kwijt. Mijn broeken passen weer en strakke jurkjes zitten goed. Ik voel me niet meer opgeblazen, slaap beter, voel me emotioneel stabieler en heb bijna geen hongergevoel meer. Van mij krijgt het programma dan ook een 8,5.'

---

4. Sugarchallenge fase 2: de suikervrije fase

ALS ALLE VOORBEREIDINGEN EENMAAL ACHTER DE RUG ZIJN, BEGINT HET ECHTE WERK EN GA JE STOPPEN MET HET ETEN VAN SUIKERS GEDURENDE IN IEDER GEVAL 30 DAGEN! JE KUNT ZELF KIEZEN WANNEER JE MET JOUW SUGARCHALLENGE BEGINT. UITSTELLEN VANWEGE FEESTJES, VERJAARDAGEN EN ANDERE EVENTS DIE STAAN TE GEBEUREN WERKT NIET. ER IS ALTIJD WEL EEN REDEN OM NOG EVEN TE WACHTEN. GEWOON DOEN IS OOK HIER HET DEVIES!

Voordat je begint raad ik je aan om mijn boek *100% suikervrij in 30 dagen* te lezen ter voorbereiding. Hierin vind je heel veel uitleg, tips en achtergrondinformatie over het hoe en waarom van suikervrij eten en leven. Dit zal je helpen om jouw Sugarchallenge succesvol te volbrengen.

ERVARINGEN VAN SUGARCHALLENGE-DEELNEMERS WIJZEN UIT DAT STOPPEN MET HET ETEN VAN SUIKER ERVOOR ZORGT DAT JE GEEN OF VEEL MINDER LAST (MEER) HEBT VAN HONGER- EN SNAAI-AANVALLEN, OP EEN GEZONDE MANIER GEWICHT VERLIEST, MEER ENERGIE HEBT, BETER ZULT GAAN SLAPEN, EEN GEZONDERE EN MOOIERE HUID KRIJGT (VAAK OOK EEN JONGERE HUID!), EEN VERBETERDE WEERSTAND ERVAART, MINDER LAST ZULT HEBBEN VAN HOOFDPIJN EN MIGRAINE, EN EEN VERBETERING VAN JE BLOEDDRUK EN ALLERHANDE 'OUDERDOMSKWAALTJES' ERVAART. EN: OVER HET ALGEMEEN GA JE JE VEEL HELDERDER, ENERGIEKER EN GEZONDER VOELEN!

Tijdens jouw Sugarchallenge ga je jouw lichaam helpen om de bloedsuikerspiegel weer in balans te brengen. Dit doe je door alle suikers en voeding die zich in je lichaam gedraagt als suiker te vermijden. Dit lijkt misschien moeilijk, maar als je het op een goede manier doet, dan valt het reuze mee. De meeste deelnemers aan de Sugarchallenge melden mij achteraf zelfs dat het eigenlijk 'appeltje-eitje' was!

De Sugarchallenge-spelregels

VOOR JOUW SUGARCHALLENGE GELDEN DE VOLGENDE SPELREGELS

Regel 1

HET GAAT EROM DAT JE EEN HELE MAAND GEEN SUIKERS EET. Ook producten die zich in je lichaam gedragen als suiker laat je staan. Eet je toch suikers of snelle koolhydraten, dan ben je 'af'. Op zich is hier niets mis mee; je ligt er dan niet uit, maar voor jouw challenge betekent het wel dat je weer van voren af aan dient beginnen. Dus één keer een klein beetje suiker betekent dat alle moeite voor niets is geweest. Omdat je lichaam de bloedsuikerspiegel in balans dient te brengen is het belangrijk dat je het hiervoor de ruimte geeft door de suikers te laten staan. Dat kan in het begin even lastig zijn, maar binnen twee à drie weken zul je al merken dat je energie omhooggaat en dit wordt beter naarmate je het langer volhoudt om geen suikers te eten. Bij de meeste mensen is na ongeveer een maand de bloedsuikerspiegel weer in balans en kun je zelf kiezen of je weer suikers gaat toevoegen of niet.

LET OP HEB JE VEEL OVERGEWICHT EN/OF BEN JE DIABEET, WACHT DAN MET HET TOEVOEGEN VAN SUIKERS (OF DE OVERSCHAKELING NAAR FASE 3) TOTDAT JE JOUW STREEFGEWICHT HEBT BEREIKT, OF JE BLOEDSUIKERWAARDEN IN ORDE ZIJN!

Regel 2

HET GAAT ER IN DEZE MAAND OM DAT JE GAAT ONTHECHTEN VAN DE ZOETE SMAAK VAN SUIKER, DAAROM ZIJN ALLE PRODUCTEN WAARIN SUIKERS ZITTEN IN PRINCIPE GEEN HANDIGE KEUZE. Ten eerste omdat ze de zoete smaak van suiker geven die smaakt naar meer. Een veel belangrijkere reden is dat de meeste zoetmakers je bloedsuikerpeil omhoog jagen waardoor je hongerpieken creëert en je het jezelf extra moeilijk maakt. Daarnaast belast het eten van suikers je ingewanden en doen ze nog allerlei andere minder leuke dingen in je lichaam.

Tijdens jouw Sugarchallenge eet je dan ook geen producten met (ruwe) rietsuiker, bruine suiker, vruchtendiksap, natuurlijke suikers (vaak fructose), honing, zoetstoffen en andere zogenaamde 'gezonde zoetmiddelen'. In deel 3 van dit boek vind je alle informatie over de toegestane suikers en zoetstoffen.

Regel 3

TIJDENS JOUW SUGARCHALLENGE LAAT JE DE VOLGENDE VOEDING STAAN

- ★ Alle toegevoegde suikers, witte graanproducten zoals pasta, toast en witte rijst.
- ★ Alle lightproducten.
- ★ Snoepgoed, ook snoep 'zonder suiker'.
- ★ Kant-en-klaarmaaltijden met suikers.
- ★ Alle frisdranken, lightfrisdranken, kant-en-klare smoothies, vruchtensappen, aanmaaklimonades en diksappen, ook als er geen suiker aan is toegevoegd!
- ★ Verse (zelfgemaakte) vruchtensappen met 100% fruit.
- ★ Ontbijtgranen en ontbijtcereals, muesli, cruesli en cornflakes, met uitzondering van zelfgemaakte muesli.
- ★ Appelstroop, honing, jam, andere suikers en suikervervangers.
- ★ Zuiveldrankjes (ook degene 'zonder suiker'), vruchtenyoghurt en kant-en-klare toetjes.
- ★ (Smeer)kaasjes met smaakjes en toegevoegde suiker.
- ★ IJs, chocolade (deze maand ook even de chocolade met meer dan 70% cacao laten liggen...), koekjes, bonbons.
- ★ Alcoholhoudende dranken (in de meeste alcoholhoudende dranken zit suiker, bovendien vormt alcohol een behoorlijke belasting voor je lever, die het tijdens de Sugarchallenge al extra zwaar heeft). Eventueel is het toegestaan om maximaal één glas droge rode wijn bij de maaltijd te drinken, maar doe dit alleen als je het echt niet uithoudt!
- ★ Alle broodsoorten, met uitzondering van suikervrij zuurdesembrood en suikervrij roggebrood. Ook het gebruik van roggevolkorencrackers is toegestaan.
- ★ (Gedroogde) zuidvruchten zoals dadels, rozijnen, vijgen en bananen.
- ★ Aardappelen en alle producten gemaakt van aardappel.

Regel 4

LET OP MET DE VOLGENDE PRODUCTEN (DEZE BEVATTEN VEEL 'VERBORGEN' SUIKERS EN ZOETSTOFFEN OF GEDRAGEN ZICH IN JE LICHAAM ALS SUIKER)

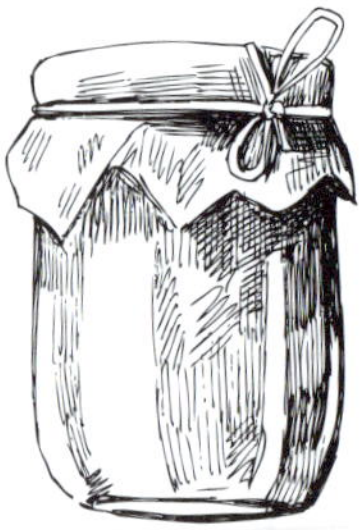

- ★ Kant-en-klare dressings, de meeste mayonaise (alleen de Belgische mayo bevat over het algemeen geen suiker), ketchup en andere kant-en-klare sauzen.
- ★ Zoutjes, chips, zoutstengels en borrelnootjes.
- ★ Vrijwel alle vleeswaren en ander broodbeleg zoals kant-en-klare salades.
- ★ Soepmixen, kookmixen, zakjes, bakjes en pakjes en dergelijke.
- ★ De meeste groente uit pot en blik.

Het beste kun je vanaf nu je maaltijden vers bereiden. Het is ongelofelijk wat er aan suiker toegevoegd wordt aan onze voeding. Ruim 85 procent van alle suikers die we binnenkrijgen is verwerkt in onze voeding!
Het lijkt nu misschien alsof je niets meer kunt eten, maar realiseer je dat al deze producten vaak niet alleen suiker, maar ook nog een boel andere toevoegingen bevatten die je lichaam niet dienen. Door deze producten uit je huidige voedingspatroon te gaan weren ontstaat er ruimte om heel veel andere, nieuwe en misschien nog wel veel lekkerdere voeding te gaan ontdekken. Op de flap voor én achter in het boek vind je een heel handig overzicht van alle bloedsuikervriendelijke alternatieven!

TIP HET HELPT OM VOORAF TE BEDENKEN WAAROM JE DEZE CHALLENGE AANGAAT. OP DIE MANIER CREËER JE EEN GEHEUGENSTEUNTJE DAT JE IEDERE KEER WEER VOOR DE GEEST KUNT HALEN ALS JE EEN MOEILIJK MOMENT HEBT. VAAK HELPT HET OM JE DAN AF TE VRAGEN: 'BRENGT HET ETEN VAN ... MIJ DICHTER BIJ MIJN DOEL OF ER JUIST VERDER VANAF? WAT KAN IK NU DOEN DAT ME DICHTER BIJ MIJN DOEL BRENGT?'

Wanneer is een product 'Sugarchallenge-proof'?

ONDANKS ALLE UITLEG ONTVANG IK DAGELIJKS IN DE FACEBOOKGROEP VEEL VRAGEN OF EEN BEPAALD PRODUCT WEL OF NIET 'MAG'... EIGENLIJK IS HET HEEL EENVOUDIG

- ★ Producten uit de 'verboden lijst' (zie regel 3 en 4) kun je in ieder geval al laten staan.
- ★ Producten waarbij je onder het kopje 'ingrediënten' op de verpakking suikers ziet staan (of een suikerschuilnaam) zijn eveneens niet toegestaan.
- ★ Check bij twijfel de glycemische index (GI) en glycemische lading (GL) van een product. Deze dienen tijdens jouw Sugarchallenge onder respectievelijk 35 en 10 te liggen. Zie bijlage 2 voor uitleg en bijlage 3 voor een uitgebreide lijst met de GI en GL van veel producten.
- ★ Kun je een product niet vinden in de lijst, dan kun je uittesten hoe jouw lichaam erop reageert. Mocht je binnen één à twee uur na het eten van het product weer honger krijgen, dan is het verstandiger om het tijdens de Sugarchallenge te laten staan.
- ★ Mocht je nog steeds twijfelen, check dan de Facebookgroep!

Zo breng je in 30 dagen jouw bloedsuikerspiegel in balans

DOOR DE COMBINATIE VAN STRESS, (TE)VEEL ETEN VAN SUIKERS EN VOEDING DIE ZICH IN HET LICHAAM GEDRAAGT ALS SUIKER EN (TE) WEINIG BEWEGEN IS DE BLOEDSUIKERSPIEGEL VAN VEEL MENSEN UIT BALANS GERAAKT. DE GEVOLGEN DAARVAN ZIJN INMIDDELS BEKEND. DE GROTE VRAAG IS DAN OOK: WAT EN HOE KAN IK ETEN OM MIJN BLOEDSUIKERSPIEGEL IN BALANS TE HOUDEN?

EIGENLIJK IS HET HEEL SIMPEL

★ Vermijd alle toegevoegde suikers en zoetstoffen.
★ Vermijd producten die zich in het lichaam gedragen als snelle suikers.
★ Zorg bij iedere maaltijd voor voldoende vezels.
★ Eet zo min mogelijk tussendoortjes.
★ Eet voldoende gezonde vetten.
★ Vul aan met bloedsuikerspiegelondersteunende supplementen.

Suiker en snelle koolhydraten creëren een achtbaan in je lichaam

Aan de meeste producten zijn suikers en/of zoetstoffen toegevoegd die je lichaam niet dienen. Ze hebben vaak een enorme invloed op je bloedsuikerspiegel en/of zorgen ervoor dat je behoefte aan zoet wordt aangewakkerd zodat je continu honger blijft houden. Het lastige met suikers is dat ze vele schuilnamen hebben waardoor je ze lang niet altijd herkent op het etiket. Bijlage 4 geeft een overzicht van alle verschillende soorten suikers en hun schuilnamen die je vanaf nu beter kunt vermijden. In deel 3 van dit boek worden alle suikers besproken die je nog wel kunt eten.

Om te kunnen herkennen of een product zich in je lichaam gedraagt als suiker zijn de glycemische index (GI) en de glycemische lading (GL) in het leven geroepen. Dit zijn twee meetgegevens die aantonen welke invloed een voedingsmiddel heeft op je bloedsuikerspiegel. In bijlage 2 en 3 vind je hierover alle informatie samen met een uitgebreid overzicht van de GI en GL van veelgebruikte producten.

ZEKER TIJDENS JOUW SUGARCHALLENGE IS HET BELANGRIJK DAT JE KIEST VOOR VOEDING MET EEN LAGE GLYCEMISCHE INDEX (ONDER DE 35) EN EEN LAGE GLYCEMISCHE LADING (ONDER DE 10). OP DIE MANIER WEET JE ZEKER DAT DE VOEDING DIE JE EET JOUW BLOEDSUIKERSPIEGEL ZO MIN MOGELIJK BEÏNVLOEDT.

Combineer koolhydraten slim!

De opname van koolhydraten in je bloed gebeurt het snelst als het lichaam er weinig moeite voor hoeft te doen om de koolhydraten beschikbaar te maken voor verbranding. Op het moment dat de koolhydraten snel beschikbaar zijn, zal over het algemeen een snelle stijging van de bloedsuikerspiegel het resultaat zijn. En dat is nu juist wat je dient te vermijden. Door je voeding slim te combineren, blijft je bloedsuikerspiegel mooi in balans.

Slim combineren doe je door bij iedere maaltijd te kiezen voor een portie langzame koolhydraten, een portie vezels en een voor jou gezonde portie eiwitten dat je aanvult met gezonde vetten. Onderstaande tabel geeft een overzicht van de meest voorkomende langzame koolhydraten, goede vezelbronnen, eiwitten en vetbronnen die je kunt eten en combineren. Neem per maaltijd uit iedere kolom één variant.

LANGZAME KOOLHYDRATEN	VEZELBRONNEN	EIWITTEN	VETTEN
Oergraansoorten	Groente	Kip	Kokosolie/-vet
Knollen en wortels	Fruit	Vlees	Roomboter
Zuurdesembrood	Noten en zaden	Vis	Olijfolie
Roggebrood	Peulvruchten	Eieren	Ghee
Haver(mout)	Losse vezels zoals chiazaad, psyllium (vlozaad), lijnzaad	Noten en zaden	Palmolie
Volkoren producten*		Zuivelproducten	Walnootolie
		Peulvruchten	Sesamolie

*vanaf Sugarchallenge fase 3 toegestaan

WAAROM KOOLHYDRATEN MET EIWITTEN COMBINEREN?

Naast alle andere voordelen die eiwitten bieden, zorgt de combinatie van eiwitten met langzame koolhydraten ervoor dat het lichaam veel moeite moet doen om de suikers vrij te maken. Je raadt het al: hierdoor blijft de bloedsuikerspiegel mooi laag en heb je minder hongergevoel. Ook gaat je vetverbranding omhoog omdat eiwitten zorgen voor een kleine afgifte van glucagon, het hormoon dat ervoor zorgt dat je vetten verbrandt.

BLIJF KOOLHYDRATEN ETEN ALS JE STOPT MET SUIKER!

Wat ik veel zie gebeuren bij mensen die stoppen met het eten van suiker, is dat ze voor het gemak direct maar alle koolhydraten aan de kant schuiven en dat ze heel terughoudend zijn met de hoeveelheid eiwitten die ze eten. Vervolgens ontvang ik ongeveer veertien dagen nadat ze met hun Sugarchallenge zijn begonnen een mailtje met daarin de teleurstellende mededeling dat ze geen extra energie krijgen (wat eigenlijk wel zou moeten als je stopt met suiker), maar zich juist steeds vermoeider en slapper gaan voelen. Zodra ze dan op mijn advies meer (langzame) koolhydraten en eiwitten gaan eten, knappen ze al snel weer op.

Het lichaam heeft langzame koolhydraten nodig als brandstof en niet de snelle suikers en snelle koolhydraten die we nu veelal gebruiken als bron van energie. Juist de langzame, vezelrijke producten voorzien het lichaam langdurig en efficiënt van energie. Vergelijk het met een kachel: de suikers en snelle koolhydraten kun je zien als aanmaakhout dat snel brandt, maar weinig warmte geeft. Het brandt maar heel kort en vaak hevig om daarna te doven. De langzame koolhydraten, zeker als ze gegeten worden in combinatie met een eiwitbron, kun je zien als een blok eikenhout; dit brandt gedurende langere tijd en geeft een behaaglijke warmte.

Het geheim van vezels

Van vezels zou je kunnen zeggen dat ze neutraal zijn voor je bloedsuikerspiegel. Ze zorgen niet voor extreme stijgingen, maar helpen het lichaam juist om de bloedsuikerspiegel in balans te houden. Vezels kun je zien als een extra hindernis die het lichaam moet nemen voordat het bij de suikers in een voedingsmiddel kan komen. Hierdoor vertragen ze de afgifte van suikers in het bloed.

Daar komt bij dat vezels er over het algemeen ook voor zorgen dat je sneller vol zit: doordat vezels vocht absorberen, zetten ze uit en voel je je sneller verzadigd. Niet-oplosbare vezels ondersteunen tevens de gezondheid in de darmen doordat ze in de darmen werken als een soort bezem. Zodra je meer vezels gaat eten merk je dit dan ook vaak aan een verbeterde stoelgang.

VEZELS VIND JE VOORAL IN GROENTEN, PEULVRUCHTEN, VERS FRUIT, BONEN EN GRAANSOORTEN (MET NAME HAVER BIEDT DE PERFECTE VEZEL OM JE BLOEDSUIKERSPIEGEL GOED IN BALANS TE HOUDEN).

PAS OP MET GROENTE- EN FRUITSAPPEN!

Verse groentesappen en verse vruchtensappen bevatten bijna geen vezels meer en worden daarom in je lichaam supersnel omgezet in suikers (met bijbehorende bloedsuikerpieken). Dat is de reden dat ik geen voorstander ben van fruitsmoothies en vruchtensappen. Mocht je deze toch willen nemen, voeg er dan een goede vezelbron aan toe zoals havermout of psylliumvezels of een eiwitbron zoals volle yoghurt of kwark zodat je de opnamesnelheid vertraagt.

Tussendoortjes schoppen de bloedsuikerspiegel in de war

Sinds de jaren zeventig zijn 'tussendoortjes' niet meer weg te denken uit ons dagelijkse eetpatroon. Ieder caloriebeperkend dieet adviseert tussendoortjes. Ergens is dat ook wel logisch. Gezien de enorme hoeveelheden suiker en snelle koolhydraten die je bij een dergelijk dieet nog steeds consumeert, heb je de hele dag door honger (van suiker en snelle koolhydraten krijg je honger) en heb je tussendoortjes nodig om je niet slap te voelen.

VAN TUSSENDOORTJES WORD JE DIK

Als je je voeding goed opbouwt, zul je ervaren dat je eigenlijk helemaal geen tussendoortjes nodig hebt. Sterker nog: van de meeste tussendoortjes word je dik. Ook van de gezonde! Als je de statistieken erop naslaat, dan zul je zien dat onze welvaartsziekten en overgewicht exponentieel toegenomen zijn vanaf het moment dat de tussendoortjes zijn geïntroduceerd. Steeds als je iets eet, zal het lichaam insuline aanmaken om ervoor te zorgen dat de voeding wordt opgenomen in de cellen. Het lichaam heeft per maaltijd ongeveer drie uur nodig voor het opnameproces. Afhankelijk van wat en hoeveel je eet, betekent dit dat er gedurende ongeveer de eerste drie uur nadat je hebt gegeten extra veel insuline in je bloed zit.

TUSSENDOORTJES STOPPEN DE VETVERBRANDING

Onthoud dit goed: als je insuline in je bloed hebt kun je GEEN vet verbranden. Dit is onmogelijk! Voor vetverbranding is het hormoon glucagon nodig en dit kan alleen zijn werk doen als de bloedsuikerspiegel laag is. Je kunt dus na een maaltijd of het eten van een tussendoortje alleen maar voeding opnemen. Dat wat je lichaam niet op kan nemen wordt onder de regie van insuline opgeslagen als vet. Ongeveer drie uur na de maaltijd is het insulinepeil in je lichaam fors gedaald en zal ook je bloedsuikerspiegel laag genoeg zijn om het hormoon glucagon aan het werk te zetten.

TUSSENDOORTJES ZIJN TOCH JUIST GOED VOOR DE BLOEDSUIKERSPIEGEL?

Dat is wat vaak wordt gezegd. In mijn visie is juist het tegendeel het geval. Tussendoortjes zijn goed voor de omzet van de fabrikanten, maar over het algemeen niet voor ons lichaam. Door het eten van tussendoortjes blijft je bloedsuikerspiegel de hele dag onnodig hoog. Hierdoor heb je de hele dag (te veel) insuline in je bloed en kunnen veel andere hormonen hun werk niet doen.

HET GEVOEL VAN SLAPTE, BIBBERIGHEID, RILLERIGHEID OF DUIZELIGHEID DAT VEEL MENSEN ONGEVEER TWEE TOT DRIE UUR NA HUN MAALTIJD ERVAREN (SOMMIGEN AL NA EEN UUR) KOMT VEELAL DOORDAT JE BLOEDSUIKERSPIEGEL MET EEN GROTE HOEVEELHEID INSULINE ENORM SNEL NAAR BENEDEN IS GEBRACHT ALS GEVOLG VAN EEN ENORME BLOEDSUIKERPIEK (DIE WAARSCHIJNLIJK IS ONTSTAAN DOORDAT JE JE MAALTIJDEN NIET GOED HEBT GECOMBINEERD EN/OF EEN SUIKERRIJK TUSSENDOORTJE HEBT GEGETEN). JE MOET DAN ETEN OM DE ONTSTANE BLOEDSUIKERDIP WEER WEG TE WERKEN.

Wanneer je jouw maaltijden goed opbouwt met daarin een voor jouw lichaam optimale hoeveelheid langzame koolhydraten, eiwitten en gezonde vetten, heb je tussendoor helemaal geen honger. Sterker nog, je hebt vaak niet eens honger als het tijd is voor de maaltijd!

Gezonde vetten ondersteunen je bloedsuikerspiegel

Gezonde vetten helpen het lichaam om insulineresistentie tegen te gaan. Ze zorgen ervoor dat de beschadigende werking van een hoge bloedsuikerpiek wordt verminderd en helpen daardoor mee om de aderen te beschermen. Ook zorgen gezonde vetten ervoor dat je eetlust wordt geremd.

Momenteel is er veel aandacht voor de combinatie koolhydraten en vet. Onderzoekers zouden hebben aangetoond dat het eten van de combinatie van vetten en koolhydraten ervoor zorgt dat je meer wilt eten en dikker wordt. Dit geldt met name voor de combinatie van snelle koolhydraten en verzadigde (veelal trans)vetten zoals je die vindt in koekjes, gebak en fabrieksmatig geproduceerde snacks en zoetigheden. De snelle koolhydraten zorgen ervoor dat de bloedsuikerspiegel snel omhooggaat waardoor het lichaam veel insuline aanmaakt. Omdat er in veel gevallen sprake is van een teveel aan energie zorgt de insuline ervoor dat het overschot aan suikers (afkomstig uit de snelle koolhydraten) samen met de vetten wordt opgeslagen in de vetcellen.

De combinatie van langzame koolhydraten met gezonde vetten zorgt er juist voor dat de bloedsuikerspiegel minder snel stijgt. De vetten helpen in dat geval om de bloedsuikerspiegel te stabiliseren en de insulinegevoeligheid te verhogen, waardoor het lichaam slechts minimale hoeveelheden insuline aan dient te maken en vrijwel alle energie goed kan worden opgenomen. In deel 3 van dit boek worden de gezonde vetten uitgebreid besproken.

Anneke 'Nooit gedacht dat het zo makkelijk zou zijn! Ik heb gewoon geen honger gehad en ben ruim drie kilo afgevallen! En verder: meer energie, meer kracht en een jongere, mooiere huid. Het heeft me heel veel goed gedaan en ik ga er zeker mee door.'

Vul aan met bloedsuikerspiegelondersteunende supplementen

Zeker als je bloedsuikerspiegel sterk uit balans is, heeft het lichaam vaak een extra zetje vitaminen en mineralen nodig om de boel weer 'op de rit' te krijgen. Dit kun je doen door middel van supplementen. De juiste supplementen helpen je lichaam om de stofwisseling en vetverbranding weer optimaal te laten werken. Bovendien help je het lichaam met de juiste vitaminen, mineralen en kruiden om de bloedsuikerspiegel zo optimaal mogelijk te reguleren waardoor je minder honger hebt, een hogere vetverbranding zult krijgen en sneller de effecten van je nieuwe, gezonde, bloedsuikervriendelijke leefstijl zult ervaren. Uiteraard is het bij de inname van supplementen belangrijk dat je dit met beleid doet en dat je desgewenst een expert op dit gebied raadpleegt. In bijlage 5 vind je een overzicht van supplementen en kruiden die je bloedsuikerspiegel ondersteunen.

Tips voor een geslaagde Sugarchallenge

ONDERSTAANDE TIPS HELPEN JE OM VAN JOUW SUGARCHALLENGE MOEITELOOS EEN SUCCES TE MAKEN.

Zorg dat je alles goed plant en voorbereidt

Als je vooraf weet hoe je dag en/of week eruit zal zien, kun je hier rekening mee houden wanneer je inkopen doet en voorbereidingen treft. Niet goed plannen of 'de waan van de dag' de leiding laten nemen zorgt ervoor dat je verrast kunt worden door honger omdat je niets bij je hebt of geen snelle maaltijd beschikbaar hebt. Hierdoor wordt de verleiding om tijdelijk van je goede voornemen af te stappen groter en bestaat het risico dat je jezelf terugvindt op een borrel met in de ene hand een glas wijn en in de andere een bitterbal...

TIPS VOOR EEN GOEDE VOORBEREIDING

★ Trek wekelijks je agenda en kijk hoe jouw komende week eruitziet. Maak aan de hand hiervan een weekmenu en plan op basis daarvan de boodschappen.

★ Kijk iedere avond even vooruit naar de volgende dag en bereid desnoods alvast dingen voor.

★ Heb je weinig tijd, kook dan meer van je avondeten en neem dat de volgende dag mee als lunch.

★ Zorg voor een noodmaaltijd in de vriezer die je kunt eten op het moment dat alles anders loopt dan verwacht.

★ Zorg dat je altijd een paar gekookte eieren, augurken, komkommer, stukjes kaas of een blikje vis in huis hebt voor een snelle lunch of als tussendoortje.

★ Eet iets voordat je naar een borrel gaat, of neem je eigen borrelhapjes mee in de vorm van wat nootjes of blokjes kaas.

Betrek je omgeving bij jouw goede voornemen

Vaak kunnen de mensen in onze naaste omgeving het ons behoorlijk lastig maken op onze suikervrije weg. Bijvoorbeeld omdat ze er het nut niet van inzien om suikervrij te eten, of omdat het voor hen juist heel confronterend is waar je mee bezig bent. Ook kan het zijn dat je het zelf lastig vindt om nee te zeggen. Betrek de mensen uit jouw omgeving bij wat je doet en vraag ze om jou hiermee te helpen door niet in jouw bijzijn te snacken en jou (zeker in het begin) zo min mogelijk te confronteren met suiker. Stoppen met suiker is moeilijker dan stoppen met roken en drinken. Dat komt doordat suiker overal is en overal in zit. Zeker als je met meerdere mensen in één huis woont, is het vaak een uitdaging om de suiker te weren. Vraag je kinderen en je partner om hun suikerhoudende voorraden bij zich te houden en op een plek te bewaren waar jij er niet bij kunt. Of, beter nog: vraag of ze meedoen!

Zorg voor een sterke 'waarom'…

Het allerbelangrijkste wanneer je begint met iets nieuws, is dat je heel duidelijk voor ogen hebt waarom je dit wilt. Wat gaat jouw nieuwe suikervrije leefstijl jou brengen? Waarom doe je mee? Wat wil je bereiken? Het is belangrijk om een goede 'waarom' te hebben. Deze sleept je door moeilijke momenten en zorgt ervoor dat je op koers blijft.
Neem eens een moment de tijd en schrijf eens heel eerlijk alle redenen op waarom jij vanaf nu suikervrij wilt eten en drinken. Doe dit vijf minuten aaneengesloten, hou niet op met schrijven, ook niet als je denkt dat je klaar bent. Op die manier ga je jouw gedachten voorbij en kom je tot de diepere redenen, tot jouw echte 'waarom'.

Geef niet op!

Het kan altijd gebeuren dat je tijdens jouw Sugarchallenge toch suiker eet. Op dat moment is je uitdaging niet voorbij. Je dient alleen weer van voren af aan te beginnen. Het leuke hiervan is dat je door tussendoor een keertje 'uit de bocht te vliegen' gaat ervaren dat het verlangen naar suiker ervoor heeft gezorgd dat je het in gedachten lekkerder hebt gemaakt dan het eigenlijk is. Veel mensen die 'uit de bocht vliegen' geven aan dat het eten van suiker hen eigenlijk enorm tegenviel en soms zelfs vies was. Hierdoor is het vaak makkelijker om nieuwe verleidingen te weerstaan.

5. Sugarchallenge fase 3: de suikerbewuste fase

DIT IS DE LEUKSTE, MAAR TEGELIJKERTIJD OOK DE MEEST UITDAGENDE FASE. HET BEREIKEN VAN DEZE FASE BETEKENT DAT JE JOUW SUGARCHALLENGE HEBT VOLBRACHT! NU HEB JE DE KEUZE: SUIKERVRIJ VERDERGAAN (BIJVOORBEELD ALS JE NOG MEER WILT AFSLANKEN OF NOG LAST HEBT VAN BEPAALDE GEZONDHEIDSUITDAGINGEN) OF ERVOOR KIEZEN OM AF EN TOE WEER WAT SUIKER TE GAAN ETEN.

Veel mensen vinden het lastig om na hun Sugarchallenge weer af en toe suiker te gaan gebruiken. Ze zijn bang om weer in hun oude patroon te vervallen of weten niet goed hoe ze nu het beste weer suikers kunnen toevoegen aan hun leefstijl. Dit is dan ook een belangrijke fase waarin je gaat ontdekken:

- wat een suikerbewuste leefstijl is;
- hoe je jouw suikerbewuste leefstijl vorm kunt geven;
- welke overige factoren er naast voeding belangrijk zijn voor een gezonde bloedsuikerspiegel.

Wat is een suikerbewuste leefstijl?

OP HET MOMENT DAT JE SUIKERBEWUST LEEFT, KIES JE DE SUIKER OF SNELLE KOOLHYDRATEN DIE JE EET ZO BEWUST MOGELIJK. JE EET DE 'GEZONDERE' SUIKERSOORTEN OF IETS HEEL ERG LEKKERS (ONDER HET MOTTO: 'ALS JE HET DOET, DOE HET DAN GOED EN GENIET ER MET VOLLE TEUGEN VAN!') EN PAST VERDER ZO VEEL MOGELIJK BLOEDSUIKERVRIENDELIJKE COMBINATIES TOE.

Op deze manier leven en kiezen geeft je heel veel vrijheid en zorgt ervoor dat er bijna automatisch een leefstijl ontstaat die bij jou past en die jouw gezondheid optimaal ondersteunt zonder dat je je beperkt voelt. Het gaat echt over het maken van keuzes die je bloedsuikerspiegel ondersteunen. Door zelf actief jouw bloedsuikerspiegel te gaan managen kun je ingrijpen zodra je merkt dat je weer terugvalt in oude patronen.

Leefregels voor een suikerbewuste leefstijl

- ★ **HANTEER VANAF NU DE 80/20-REGEL ALS HET GAAT OM HET ETEN VAN SUIKER EN SNELLE KOOLHYDRATEN:** 80 procent van de tijd suikervrij en 20 procent van de tijd genieten van iets echt lekkers met suikers; uiteraard kies je voor een zo gezond mogelijke 'zonde'. Dit betekent dat je gerust af en toe een frietje kunt eten, een stukje pure chocolade, een ijsje of een stukje gebak, maar dan wel van een superkwaliteit! Mijn eigen ervaring is overigens wel dat ik veel dingen echt niet meer lekker vind en deze daarom over het algemeen al vanzelf laat staan. Voor mij werkt het prima om doordeweeks suikervrij te leven en in het weekend eens wat extra te doen. En mocht ik doordeweeks een keertje uit eten gaan, dan eet ik in het weekend gewoon suikervrij.
- ★ **ALS JE ERVOOR KIEST OM SUIKER TE GEBRUIKEN, KIES DAN VOOR NATUURLIJKE ZOETSTOFFEN** zoals koudgeslagen biologische honing, kokosbloesemsuiker, palmsuiker, yakonsiroop of (gedroogde) zuidvruchten als dadels, vijgen, bananen en rozijnen. Deze waren in de voorgaande fasen verboden, maar je kunt ze nu af en toe weer nemen (uiteraard met mate). Daarnaast kun je ook gebruikmaken van de zoetstoffen uit fase 1 en 2: stevia (kies bij voorkeur groene steviapoeder of steviablad) en gedroogde abrikozen.
- ★ **EET WAAR MOGELIJK VERSE PRODUCTEN:** groente (ook diepvriesgroente is perfect), fruit (bij voorkeur van het seizoen), verse kruiden, vis, gevogelte, noten, zaden, af

en toe sojaproducten, zuivel, liefst van schaap of geit (dit is voor je lichaam makkelijker te verteren), gezonde granen en soms aardappelen.

★ **VERMIJD HET GEBRUIK VAN INSTANTPAKJES, BAKJES, ZAKJES EN KANT-EN-KLARE KRUIDENMIXEN** bij de bereiding van je maaltijd.

★ **ZORG VOOR EEN GOEDE VERHOUDING VAN DE VERSCHILLENDE VOEDINGSSTOFFEN OP JE BORD.** Een goede vuistregel die je kunt hanteren, is: 1 vuist met eiwitten, 1 vuist koolhydraten of granen en 2 vuisten groente.

★ **PROBEER JEZELF TE BEPERKEN TOT MAXIMAAL ÉÉN TUSSENDOORTJE OP EEN DAG** en kies hierbij voor gezonde snacks als een gekookt ei, een paar stukjes kaas, een handje noten of een bakje yoghurt. Als je kiest voor een zoet tussendoortje, combineer dit dan zo veel mogelijk met eiwitten.

★ **COMBINEER (LANGZAME) KOOLHYDRATEN** altijd met een eiwit of voldoende gezonde vetten. Let op: als je snelle koolhydraten combineert met gezonde vetten, worden het dubbele dikmakers. Dit geldt niet voor de combinatie van langzame koolhydraten met gezonde vetten.

★ **KIES VOOR DE VOLLE PRODUCTEN** en blijf lightproducten vermijden.

★ **NEEM FRUIT ALTIJD AAN HET EINDE VAN DE MAALTIJD OF GOED GECOMBINEERD** met een eiwit en eet per maaltijd maximaal 1 stuk/portie fruit.

★ **DRINK DAGELIJKS VOLDOENDE WATER.** Tip: jouw gewicht gedeeld door 30 is jouw dagelijkse hoeveelheid water in liters.

★ **EET IEDERE DAG VOLDOENDE VETTEN!** Vetten verzadigen en zijn heel hard nodig in het lichaam. Richtlijn voor de dagelijkse vetconsumptie is 1 eetlepel roomboter of kokosvet en 3 eetlepels olijfolie.

★ **HET BESTE IS OM ZUURDESEMBROOD TE BLIJVEN ETEN.** Kies je ervoor om weer ander brood te nemen, eet dan vanaf nu maximaal 2 sneetjes volkoren boterhammen per dag en beleg ze duimendik met een gezonde portie eiwitten en groente.

★ **DRINK MAXIMAAL 1-2 GLAZEN VERS GEPERST VRUCHTENSAP OF ALCOHOL PER WEEK.** Zie deze dranken ook echt als een lekkernij. Het blijft immers vloeibaar snoep. Dit geldt overigens ook voor alcohol.

★ **EET NIETS MEER NA 21.00 UUR.** Voeding verhoogt je bloedsuikerspiegel en werkt in het lichaam als brandstof, waardoor je weer actief wordt. Na 21.00 uur geldt voor de meeste mensen dat het lichaam langzaam in de 'slaapstand' gaat. Na deze tijd nog eten werkt dan ook niet bevorderlijk voor je nachtrust en vertraagt je vetverbranding enorm. Mocht je later op de avond nog honger krijgen, dan ben je waarschijnlijk gewoon moe en is het tijd om te gaan slapen....

Overige factoren voor een gezonde bloedsuikerspiegel

Naast gezonde voeding en het drinken van voldoende water is er nog een viertal factoren belangrijk voor het creëren en behouden van een gezonde bloedsuikerspiegel en een goede gezondheid.

WAAR DE LEEFREGELS VOOR DE EERSTE EN TWEEDE FASE VOORNAMELIJK GERICHT WAREN OP HET STOPPEN MET SUIKER EN HET IN BALANS BRENGEN VAN JOUW BLOEDSUIKERSPIEGEL, IS DE LAATSTE EN SUIKERBEWUSTE FASE GERICHT OP HET IN BALANS HOUDEN VAN JOUW BLOEDSUIKERSPIEGEL. HIERVOOR IS HET BELANGRIJK DAT JE WEET WELKE FACTOREN JE BLOEDSUIKERSPIEGEL VERSTOREN EN HOE JE DAARMEE OM KUNT GAAN ZODAT JE VANAF NU ZELF JE BLOEDSUIKERSPIEGEL KUNT MANAGEN EN UIT DE EINDELOZE SUIKERSPIRAAL BLIJFT.

DIT ZIJN

★ Een goede balans tussen stress en ontspanning
★ Gezonde beweging
★ Een goede nachtrust
★ Voldoening halen uit je leven

Ik bespreek ze hieronder kort. In de Sugarchallenge-programma's en -workshops komen ze uitgebreider aan bod.

Let op stress!

Als het gaat om stress, ben ik van mening dat een gezonde portie dagelijkse stress ervoor zorgt dat je alert blijft. Het zorgt ervoor dat je in beweging komt én blijft en dat je de dingen doet die dienen te gebeuren. Maar als stress een continue factor in je leven is geworden, dan is het een regelrechte bedreiging voor je gezondheid. Sterker nog: ik geloof dat stress doodsoorzaak nummer 1 is en niet ziekten als kanker, diabetes en hart- en vaatziekten. Dit zijn in mijn ogen de afgeleiden van stress.

ADRENALINE EN CORTISOL

Stress is enorm verzurend voor het lichaam en zorgt ervoor dat het lichaam constant de stresshormonen adrenaline en cortisol produceert. Deze beide hormonen maken suikers vrij uit de lever en spieren om zo het lichaam te voorzien van de extra brandstof die nodig is om in de staat van alertheid goed te kunnen functioneren en direct te reageren in de vorm van vluchten of vechten. Echter, in onze moderne maatschappij hoeven we vrijwel niet meer sterk fysiek te reageren in stress-situaties. Onze stress bestaat tegenwoordig uit een bijna-ongeluk met de auto, een computer die crasht, een zakendeal die niet doorgaat, een ziekte of een lichaam dat niet optimaal functioneert, een te drukke agenda of een relatie die niet werkt. Allemaal situaties die in het lichaam wel een stressreactie oproepen, maar waarvoor we niet fysiek hoeven te vluchten of vechten. Dit betekent dat het lichaam wel de stresshormonen aanmaakt die ervoor zorgen dat er meer suiker in het bloed komt, maar dat we deze vrijgekomen energie niet gebruiken voor fysieke actie en daardoor vrijwel rechtstreeks opslaan als vet. Te veel stress is dan ook een dikmaker van de bovenste plank. Stress kan in het lichaam veroorzaakt worden door veel verschillende zaken. Hierbij kun je denken aan voeding, te weinig drinken, slecht slapen, ziektes, financiën, te veel en te intensief sporten, te weinig ontspanning, werk en relaties.

CAFEÏNE, COLA EN ENERGYDRINKS

Naast situaties die zorgen voor de nodige stress, ervaart ons lichaam ook stress door bepaalde voedingsmiddelen die een zogenaamde oppeppende werking hebben. Hierbij kun je denken aan cafeïne in koffie, thee, frisdranken en energiedrankjes, maar ook aan alcohol, sigaretten en chocolade. Vaak worden deze oppeppers gebruikt als extra energiebron of om even een rustmoment te creëren. Maar al deze pepmiddelen doen exact het tegenovergestelde: in plaats van rust en extra energie te geven aan het lichaam, bezorgen ze het een behoorlijke portie onderhuidse stress doordat ze de bloedsuikerspiegel flink door elkaar schoppen. Veel mensen denken dat de stimulerende werking van cafeïne zorgt voor een verhoging van de verbranding, maar niets is minder waar. Cafeïne zorgt er juist voor dat je adrenaline een enorme piek doormaakt en daarmee de bloedsuikerspiegel heel snel fors omhoog brengt. Ook blokkeert cafeïne in de hersenen de stof adenosine, die zorgt voor verwijding van de bloedvaten in de hersenen en daarmee de bloedtoevoer in de hersenen ondersteunt. Doordat de adenosine wordt uitgeschakeld, vernauwen de aderen in de hersenen en neemt de hoeveelheid dopamine en adrenaline toe, waardoor je korte tijd na het drinken van een cafeïnehoudende drank alerter wordt. Dit verklaart de extreem verslavende werking van dranken als koffie, zwarte thee, cola, Red Bull en energydrinks. Dit effect wordt uiteraard

vergroot op het moment dat je bij je koffie iets zoets neemt of een cafeïnehoudende drank combineert met een snelle koolhydraat (denk aan cola met chips, zwarte thee met een croissantje, koffie met een koekje,enzovoort). Je kunt je dus wel voorstellen wat mijn advies is als het gaat om cafeïne en andere pepmiddelen: zoveel mogelijk laten staan!

Sport je bloedsuikerspiegel in shape!

Sporten en bewegen verhogen de insulinegevoeligheid van je cellen en helpen daardoor mee om je bloedsuikerspiegel in balans te houden. Daarnaast vermindert regelmatig sporten je eetlust, verlaagt het je bloeddruk en draagt het bij aan een verbetering van je gezondheid. Als je het tenminste op de juiste manier doet... Op het moment dat je 'verkeerd' sport, kan het juist averechts werken waardoor je je bloedsuikerspiegel uit balans brengt en dikker en dikker kunt worden. Helaas is dat het geval bij veel mensen.

SPORTEN ZORGT VOOR EEN VERHOOGDE VERBRANDING

Op de juiste manier sporten zorgt ervoor dat je conditie opbouwt in de vorm van uithoudingsvermogen en spierkracht. Een groter uithoudingsvermogen geeft je een betere zuurstofopnamecapaciteit, die je helpt bij het optimaliseren van je vetverbranding. Meer spierkracht zorgt ervoor dat je rustverbranding omhoog gaat (dit is het aantal calorieën dat je verbrandt als je niets doet) doordat je spiermassa toeneemt. Hierdoor kun je kort gezegd meer eten terwijl je niet aankomt.

ALS JE ECHT OP EEN GOEDE MANIER TRAINT, GA JE ENERZIJDS JOUW ZUURSTOFOPNAMECAPACITEIT VERGROTEN WAARDOOR JE MEER ZUURSTOF KUNT OPNEMEN EN ANDERZIJDS GA JE VETMASSA VERBRANDEN DOOR EEN TOENAME VAN JE SPIERMASSA. DAT IS WAAR DE ECHTE WINST WORDT BEHAALD. BOVENDIEN ZORGT TRAINEN OP EEN GOEDE MANIER VOOR EEN MOOIER EN STRAKKER FIGUUR EN EEN BETERE BALANS VAN JE BLOEDSUIKERSPIEGEL DOORDAT JE DE TRAININGSSTRESS IN HET LICHAAM MINIMALISEERT, MAXIMALE HORMONALE HERSTELPRIKKELS GEEFT EN DE INSULINEGEVOELIGHEID VAN HET LICHAAM VERBETERT.

DE REGELS VOOR BLOEDSUIKERVRIENDELIJK TRAINEN

- ★ **SPORT MAXIMAAL DRIE KEER PER WEEK EN NIET LANGER DAN EEN UUR.** Kort en intensief bewegen waarbij je een combinatie maakt van krachtoefeningen en pittige cardio-/intervaloefeningen is de beste manier om een optimale bloedsuikerspiegel te bereiken.
- ★ **WISSEL REGELMATIG VAN TRAININGSSCHEMA** (minimaal eens per twee maanden) zodat je je lichaam blijft uitdagen.
- ★ **VERMIJD LANGDURIGE CARDIOTRAININGEN** (zoals duurlopen, eindeloos op de crosstrainer staan, urenlang wielrennen en dergelijke). Een langdurige cardiosessie met als doel vetverbranding zorgt veelal voor afbraak van het spierweefsel en stress in het lichaam die op haar beurt de bloedsuikerspiegel omhoog laat schieten. Je bereikt er dan ook vaak het omgekeerde mee.
- ★ **TRAIN MET NAME DE GROTE SPIERGROEPEN** (focus op benen, rug en borst). Hierbij behaal je het snelste en het meeste resultaat.
- ★ **TRAIN NIET VAKER DAN TWEE À DRIE KEER VERSPREID OVER DE WEEK.** Spieren groeien pas na de training tijdens de herstelperiode van 24 tot 48 uur.

Slaap je bloedsuikerspiegel gezond

Een dag bestaat uit 24 uur. Grof gezegd kun je deze indelen in acht uur werk, acht uur ontspanning en acht uur slaap. Voor de meeste mensen gaat deze verdeling helaas niet op. Vaak is de verhouding tussen werk en ontspanning ver te zoeken, met als gevolg dat we die acht uur (aaneengesloten) slaap niet halen. Volgens de Utrechtse slaap- en droomdeskundige dr. Victor Spoormaker heeft een kwart van de Nederlanders serieuze slaapproblemen en staat ruim 50 procent van de Nederlanders moe of vermoeid op. Het is dan ook niet verwonderlijk dat steeds meer mensen in een vicieuze cirkel terechtkomen waarbij suikers en pepmiddelen noodzakelijk zijn om de dag door te komen. Helaas is het gevolg hiervan dat je aan het eind van de dag, wanneer je eigenlijk zou moeten ontspannen, juist meer stress ervaart dankzij alle pepmiddelen die je gedurende de dag tot je genomen hebt.

SLAAPPILLEN MAKEN HET ALLEEN MAAR ERGER...

Al deze pepmiddelen zorgen ervoor dat het lastig is om tot rust te komen en in slaap te vallen. Als dit maar lang genoeg duurt, dan is de verleiding om uiteindelijk naar een slaapmiddel te grijpen steeds dichterbij. Helaas is dit ook niet de oplossing, omdat slaapmiddelen veelal de remslaap onderdrukken en ervoor zorgen dat je minder diep slaapt. Juist die diepe remslaap is het belangrijkste onderdeel voor een goed herstel van je lichaam. In de remslaap wordt door het lichaam groeihormoon afgegeven dat helpt bij herstel van het lichaam; deze afgifte van groeihormoon wordt door slaapmiddelen geblokkeerd. Het gebruik van (veelal verslavende) slaapmiddelen lost het probleem dus niet op, het maakt het alleen maar erger.

EEN GEZONDE BLOEDSUIKERSPIEGEL VOOR EEN GEZONDE SLAAP

Als je slaappatroon voor jou echt een serieus probleem is, dan is het in ieder geval van levensbelang dat je zorgt voor een gezonde bloedsuikerspiegel. Een bloedsuikerspiegel die niet goed in balans is, is voor het lichaam namelijk een enorme bron van stress. En een hoog gehalte aan stresshormonen in het bloed zorgt ervoor dat het heel moeilijk is om te ontspannen. Hierdoor zal je behoefte aan het eten van extra energie, vaak in de vorm van zoet en snelle koolhydraten, hoog blijven. Daar komt bij dat het eten van koolhydraten vlak voor het slapengaan er ook voor zorgt dat je weer wakker wordt doordat je het lichaam als het ware voorziet van extra brandstof. Het doorbreken van deze cirkel is dus echt een noodzakelijke stap in de richting van een gezond slaappatroon. Slaap is de basis; het is niet voor niets dat kleine kinderen zo ontzettend veel moeten slapen!

Toontje

'Inmiddels zeven weken suikervrij en vier kilo lichter zonder honger. Mijn darmen zijn niet meer traag en pijnlijk en ook geestelijk voel ik me zoveel sterker. Bovendien heb ik geen last meer van getril en honger in de middag vanwege suikerdips. Heel veel dank!'

Ben je verveeld of vervuld?

Misschien is dit wel de belangrijkste voorwaarde voor het handhaven van een gezonde bloedsuikerspiegel: voldoening halen uit je leven zoals het nu is en vervulling ervaren doordat de manier waarop jij jouw leven leeft je volledig de mogelijkheden geeft om jezelf uit te drukken zoals je bent. In dit geval verdwijnt je suikerbehoefte en behoefte aan extra eten vanzelf. Ook zaken als stress, slecht slapen en weinig energie verdwijnen vaak als sneeuw voor de zon. Denk maar aan mensen die verliefd zijn of die helemaal opgaan in de creatie van hun 'ding'. Ze stralen en alles lijkt te lukken. Dat is leven vanuit verbinding! Ik geloof dat we leven om te creëren en om het genot van onze creaties te ervaren. Om vanuit de verbinding met onszelf en de mensen om ons heen het leven ten volste te ervaren en samen te genieten van al het moois dat er is. Om plezier te maken en te lachen, om liefdevol samen te zijn, maar ook om verdriet te delen en elkaar te troosten als dat nodig is. Elkaar te steunen en te helpen om zo samen vooruit te gaan en te genieten van de vervulling die dat geeft. Ik weet inmiddels uit ervaring dat er niets zo vervullend is en helpt tegen honger- en snaai-aanvallen als datgene doen waarvoor je in de wieg bent gelegd! Dat is wat ik jou ook gun, en niet alleen omdat je bloedsuikerspiegel er wel bij zal varen, maar omdat je het verdient!

3 Voeding voor een gezonde bloedsuikerspiegel

6. Zo eet je jouw **bloedsuikerspiegel** gezond

ALS HET GAAT OM VOEDING DAN ZOU JE KUNNEN ZEGGEN DAT ALLES WAT JE EET DOOR HET LICHAAM WORDT GEZIEN ALS INFORMATIE. OP BASIS VAN DIE INFORMATIE GAAT HET LICHAAM ZICH ONTWIKKELEN EN VERANDEREN. VOEDING PRAAT NAMELIJK MET JE GENEN EN JE STOFWISSELING.

En die twee zijn medeverantwoordelijk voor het behoud en onderhoud van je gezondheid en gewicht. Jij bent dus degene die ervoor zorgt of jouw genen het signaal krijgen om ziekten als diabetes, overgewicht of hart- en vaatziekten te ontwikkelen of niet. Dit doe je onder andere door de keuzes die je dagelijks maakt op het gebied van voeding (maar ook door wat je denkt, voelt en hoe je je tijd besteedt: voed je jezelf of vul je jezelf – en je tijd?).

Door te kiezen voor een gezonde leefstijl zet je de genen aan die verantwoordelijk zijn voor een goede gezondheid en gezonde stofwisseling. Door te kiezen voor een ongezonde leefstijl zet je de genen aan die zorgen voor ziekte en overgewicht. De keuzes die jij maakt, bepalen welke genen je voedt en aanzet. Iedere dag, ieder moment beslis je dus zelf in welke richting je je beweegt.

Voeding is daarin dan ook een belangrijke factor. Zeker als het gaat om het managen van jouw bloedsuikerspiegel: het grootste deel van de voedingsstoffen wordt door het bloed getransporteerd in de vorm van suiker (glucose) en beïnvloedt daardoor in meer of in mindere mate jouw bloedsuikerspiegel. Om het lichaam goed in balans te brengen en te houden is het daarom belangrijk dat je aandacht besteedt aan wat je dagelijks eet en drinkt. Voeding is jouw basis!

WAT JE IN JOUW LICHAAM STOPT, BEPAALT WAT JOUW LICHAAM AAN JE TERUGGEEFT.

Een goed opgebouwd voedingspatroon bevat dagelijks voldoende bouwstoffen, brandstoffen, ondersteunende stoffen en vocht. Deze kun je grofweg indelen in vijf categorieën:

- ★ Koolhydraten (energie)
- ★ Eiwitten (bouwstof en in nood energie)
- ★ Vetten (energie en onderhoudsmiddel)
- ★ Vitaminen en mineralen (ondersteuning en katalysatoren)
- ★ Water (katalysator)

Energie voor iedere dag

KOOLHYDRATEN VOORZIEN HET LICHAAM VAN ENERGIE. OP HET MOMENT DAT JE SUIKER OF KOOLHYDRATEN EET OF ALCOHOL, KOFFIE OF FRISDRANK DRINKT, STIJGT JE BLOEDSUIKERSPIEGEL.

Als reactie hierop maakt de alvleesklier het hormoon insuline aan dat ervoor zorgt dat de suikers vanuit het bloed worden opgenomen in de cellen zodat de bloedsuikerspiegel snel weer terugkeert tot normale waarden. Dit is belangrijk omdat een te hoge of te lage bloedsuikerspiegel giftig is voor het lichaam en dus gevaarlijk is voor je gezondheid.

DE HOEVEELHEID INSULINE DIE WORDT AANGEMAAKT WORDT GROFWEG BEPAALD DOOR TWEE DINGEN

★ DE SNELHEID WAARMEE DE VOEDING DIE JE EET OF DRINKT IN JE LICHAAM WORDT OMGEZET IN SUIKER;

★ DE HOEVEELHEID EN HET TYPE KOOLHYDRATEN DIE JE MAALTIJD BEVAT.

Snelle koolhydraten en pure suikers (de naam zegt het al) zorgen voor een snelle stijging van je bloedsuikerspiegel en dus voor een snelle aanmaak van grote(re) hoeveelheden insuline. Met name de snelle koolhydraten en suikers dien je zoveel mogelijk te vermijden als je jouw bloedsuikerspiegel gezond wilt houden. Op de flappen vind je een overzicht van snelle (ofwel bloedsuikeronvriendelijke) koolhydraten met daarbij een gezond alternatief.

GEZONDE KOOLHYDRATEN VIND JE IN VERS FRUIT, VOLKORENPRODUCTEN EN GRANEN, KNOLLEN EN WORTELEN, PEULVRUCHTEN, NOTEN EN ZADEN, EN GEDROOGDE ZUIDVRUCHTEN.

Vers fruit

Binnen de Sugarchallenge is fruit een veelbesproken onderwerp. Immers: we zijn opgevoed met de stelling dat fruit gezond is. En dat is het ook. Maar alleen als het zich in de originele verpakking bevindt, niet in de vorm van de vele vruchtensappen en smoothies die verkrijgbaar zijn. En ook niet in de vorm van fructosesiropen die overigens veelal gewonnen worden uit maïs en aardappelzetmeel. Fruit in de originele verpakking bevat alle vezels die nodig zijn om ervoor te zorgen dat de suikers in het fruit niet rechtstreeks in de bloedbaan belanden.

VERSE VRUCHTENSAPPEN EN SMOOTHIES LEVEREN VEEL TE VEEL SNELLE SUIKERS AAN JE LICHAAM. BOVENDIEN ZIJN ZE GEMAAKT VAN MEERDERE STUKKEN FRUIT DIE JE NORMAAL NOOIT ALS ÉÉN PORTIE ZOU ETEN.

Fruit bevat fructosesuikers (fruitsuikers) en hiervoor geldt dat ze worden verwerkt in de lever. Het zorgt daardoor dus voor een minder snelle stijging van de bloedsuikerspiegel. Op zich is dit positief. Het vervelende van deze eigenschap is echter dat de suikers uit het fruit die de lever niet meer kan opslaan, bij de meeste mensen vrijwel direct worden omgezet in vetten. Dit is ook zoals de natuur het bedoeld heeft, maar bij onze huidige overconsumptie draagt het juist bij aan het ontstaan van overgewicht en obesitas.

Het meeste fruit is rijp in de zomer en in het najaar. Je ziet in de zomer de iets minder zoete soorten zoals bessen en aardbeien en richting het najaar wordt het fruit steeds zoeter doordat het rijker is aan suikers. Dat is niet zonder reden: de natuur heeft dit speciaal zo voor ons geregeld omdat we juist in die periode reserves aan dienen te leggen voor de naderende

winter. Vetreserves wel te verstaan. Dat is ook wat egels, beren en eekhoorntjes nog steeds doen in het najaar: die doen zich naar hartenlust tegoed aan alle zoetigheden en noten die ze maar kunnen vinden. Dat ze daardoor dikker worden is absoluut geen probleem: dat vet wordt gedurende de winterslaap verbrand. Wij hebben echter geen winterslaap meer en eten en drinken het hele jaar door enorme hoeveelheden fruit, vruchtensappen en smoothies. Ook hier geldt dat alles waar 'té' voor staat, ook al is het in den beginne nog zo gezond, funest is voor je lichaam.

Mijn advies: geniet van fruit, maar eet het met mate. Kies zo veel mogelijk fruit uit het seizoen en kies voor verse vruchten. Eventueel kun je diepgevroren fruit verwerken in bijvoorbeeld smoothies. Let er in dat geval wel op dat er geen suikers aan zijn toegevoegd. Combineer fruit altijd met een eiwit (bijvoorbeeld noten of kaas). Zelf eet ik vaak fruit als dessert na de maaltijd. Op die manier 'valt' het op de rest van het eten, waardoor ik toch een zoete smaakbeleving heb na het eten zonder dat het mijn bloedsuikerspiegel extra beïnvloedt.

Regelmatig ontvang ik de reactie dat fruit na de maaltijd zou gaan gisten. Persoonlijk heb ik hier geen last van. Ik kan me voorstellen dat dit het geval zou kunnen zijn als je een copieuze maaltijd hebt verorberd die je lichaam maar met moeite kan verteren. Maar als je een gezonde maaltijd hebt gegeten is fruit een heerlijke afsluiter!

Ellen 'Ik heb al vanaf mijn 19e last van hypoglykemie en pas na het lezen van het boek *100% suikervrij in 30 dagen* snapte ik eindelijk waarom ik beter geen suiker en snelle koolhydraten kan eten. Ik ben begonnen aan de Sugarchallenge en voel me weer top. Ook alle extra kilo's zijn verdwenen als sneeuw voor de zon.'

Volkorenproducten

Volkorenproducten zijn producten die zo min mogelijk zijn bewerkt en daardoor nog zo veel mogelijk vezels en voedingsstoffen bevatten. Hierdoor moet het lichaam moeite doen om deze producten te verwerken én leveren ze maximale voedings- en bouwstoffen. Dit is gunstig voor je bloedsuikerspiegel.

Maar nu komt het... Veel van de volkorenproducten die je in de winkel koopt zijn eigenlijk helemaal geen volwaardige volkorenproducten meer. Het zijn producten waaraan wat vezels zijn toegevoegd of een kleurstof waardoor ze voldoen aan de specificatie 'volkoren'. Want: volkoren staat bij de consument bekend als 'gezond' en wordt daarom grif gekocht. Ongelofelijk, maar waar. Het is dus goed uitkijken geblazen als je op pad gaat om écht gezonde producten te kopen.

Wat ik om die reden doe, is dat ik een aantal malen per jaar naar de natuurvoedingswinkel ga en daar biologische volkorenproducten insla, zoals wilde rijst, pasta en verschillende meelsoorten. Onderstaande tabel geeft een overzicht van gezonde volkorenproducten die bovendien je bloedsuikerspiegel ondersteunen.

BLOEDSUIKERVRIENDELIJKE VOLKORENPRODUCTEN

CATEGORIE	PRODUCTEN
RIJSTPRODUCTEN*	★ Zilvervliesrijst ★ wilde rijst ★ volkoren basmatirijst ★ rijstpasta's van volkoren rijstmeel ★ volkoren rijstmeel ★ rijstmelk
QUINOA	★ Quinoameel ★ quinoa
BOEKWEIT *	★ Boekweitgrutten ★ boekweitmeel ★ boekweitpasta
	★ muesli (zelfgemaakt)
VOLKOREN TARWEPRODUCTEN*	★ Volkorenpasta ★ volkorencrackers ★ donker volkorenbrood ★ volkorenmeel
SPELTPRODUCTEN*	★ Speltpasta ★ speltbrood ★ speltmeel ★ speltcrackers
ZUURDESEMBROOD	★ Volkoren desembrood ★ speltdesembrood
ROGGEPRODUCTEN	★ Roggebrood ★ volkoren roggeknäckebröd
HAVERPRODUCTEN	★ Havervlokken ★ havermout ★ overnight oats ★ havercrackers ★ havermelk
GERSTPRODUCTEN*	★ Gerstvlokken ★ gerst

*vanaf Sugarchallenge fase 3 toegestaan

Knollen en wortelen

Gezien het hoge gehalte aan zetmeel in aardappelen en daardoor de invloed op je bloedsuikerspiegel, is mijn advies om aardappelen pas vanaf de suikerbewuste fase slechts af en toe (één à twee keer per week) te eten. In een aardappelland als Nederland is dit uiteraard een ferme uitspraak. Want zonder aardappelen is bij de meeste mensen de avondmaaltijd niet compleet. Gelukkig is er een goed alternatief in de vorm van knollen en wortelen! Die zijn namelijk een prima vervanger voor onze vertrouwde piepers. Planten gebruiken de knol als opslagplaats voor reservevoeding. Dit betekent dat knollen een heel goede leverancier zijn van hoogwaardig zetmeel en veel voedingsstoffen.

TIP OOK CHAMPIGNONS KUN JE PRIMA GEBRUIKEN ALS AARDAPPELVERVANGER. ZELF KOOK IK VAAK EEN EXTRA GROENTESOORT TER VERVANGING VAN AARDAPPELEN.

ONDER DE KNOLLENFAMILIE VALLEN: WORTELEN, KNOLSELDERIJ, VENKEL, PASTINAAK, RADIJS, RAMMENAS, RODE BIET, SCHORSENEREN, BATATEN, YAMS, CASSAVE, AARDPEER, KOOLRAAP EN MEIKNOLLEN.

Peulvruchten

Peulvruchten zijn zeer voedzaam en zijn een enorm goede bron van voedingsvezels. Daarnaast leveren ze het lichaam ook langzame koolhydraten gecombineerd met eiwitten, waardoor ze een geweldige ondersteuning bieden als het gaat om het in balans brengen en houden van je bloedsuikerspiegel. Een leuke bijkomstigheid is nog dat de meeste peulvruchten voordelig zijn en heel lang bewaard kunnen worden.
Ondanks al deze voordelen is het aan te raden om peulvruchten met mate te eten. Niet alle peulvruchten zijn goed verteerbaar en dit kan problemen opleveren voor sommige mensen. Ook kunnen peulvruchten ontstekingsreacties veroorzaken in het lichaam als je ze in grote hoeveelheden nuttigt. Goed luisteren naar je lijf is ook hier het advies. Onderstaande tabel geeft van alle gedroogde peulvruchten de inweektijd en kooktijd aan.

PEULVRUCHTSOORT	INWEEKTIJD	KOOKTIJD
Adukibonen	12 uur	60-90 minuten
Zwartoogbonen	12 uur	60-90 minuten
Rode linzen	-	45 minuten
Gele linzen	30 minuten	45 minuten
Kikkererwten	8 uur	60-90 minuten
Spliterwten	-	60 minuten
Groene erwten	12 uur	60-90 minuten
Witte bonen	12 uur	90-120 minuten
Bruine bonen	12 uur	90-120 minuten
Sojabonen	12 uur	2-3 uur

Noten en zaden

Noten en zaden bieden naast eiwitten en gezonde vetten ook voedingsvezels die het lichaam helpen om de bloedsuikerspiegel in balans te houden. Noten zijn rijk aan vitamine B en E en bevatten veel mineralen. Voor zaden geldt dat deze de basis voor een hele plant bevatten waardoor je ze kunt zien als supergeconcentreerde voeding.
Doordat ze zo rijk zijn aan voedingsstoffen heb je er niet veel van nodig: op een handje noten of zaden kun je het rustig een halve dag uithouden. Daarom zijn ze zeer geschikt als 'noodrantsoen' voor onderweg.

NOTEN- EN ZADENSOORTEN DIE JE HELPEN OM JOUW BLOEDSUIKERSPIEGEL IN BALANS TE HOUDEN ZIJN AMANDELEN, WALNOTEN, HAZELNOTEN, PARANOTEN, MACADAMIANOTEN, PISTACHENOTEN, ZONNEBLOEMPITTEN, POMPOENPITTEN, PIJNBOOMPITTEN EN SESAMZAAD.

Let op: pinda's en cashewnoten vallen niet onder de noten, maar horen bij de peulvruchten.

Gedroogde zuidvruchten

Zie hoofdstuk 8 over suikers en zoetstoffen.

Eiwitten voor optimaal onderhoud van je lichaam

EIWITTEN VORMEN EEN NIET TE ONDERSCHATTEN VOEDINGSBRON VOOR HET LICHAAM, WAARVAN DE MEESTE MENSEN DAGELIJKS ONVOLDOENDE BINNEN KRIJGEN. HET LICHAAM HERSTELT ZICH IEDERE DAG EN GEBRUIKT DAARVOOR EIWITTEN. OOK GEBRUIKT HET EIWITTEN ALS BOUWSTOF VOOR WEEFSELS, BOTTEN EN ORGANEN EN MAAKT HET VANUIT EIWITTEN BELANGRIJKE HORMONEN EN ENZYMEN AAN DIE ZORGEN VOOR DE ENERGIEPRODUCTIE EN EEN GOED VERLOOP VAN LICHAAMSPROCESSEN. EIWITTEN ZIJN DAN OOK BELANGRIJK.

Ons lichaam kan helaas zelf geen voorraad eiwitten aan leggen. Daarom is het belangrijk dat we het iedere dag weer opnieuw voorzien van voldoende eiwitten. En dat is waar het bij de meeste mensen verkeerd gaat. We eten over het algemeen dagelijks veel te veel koolhydraten en te weinig eiwitten. Als je dit zou vergelijken met een auto zou je kunnen zeggen dat we grote hoeveelheden brandstof eten, maar het onderhoudsmiddel vergeten. Dat is niet zo verstandig: als het lichaam onvoldoende eiwitten krijgt, kan het echt onherstelbare beschadigingen oplopen (dit geldt overigens ook bij het nuttigen van te veel eiwitten!).

Onderstaande tabel geeft je een overzicht van alle eiwitten die je gezondheid ondersteunen met daarbij de netto-eiwitopbrengst per 100 gram.

EIWITSOORT	NETTO-EIWITOPBRENGST
1 ei	13 gram
100 gram kipfilet	30 gram
100 gram vis	17 gram
100 gram magere vleessoorten	20 gram
100 gram volle yoghurt 3,5%	4 gram
100 gram schapenkaas, volvet	14 gram
100 gram geitenkaas, volvet	14 gram
100 gram volle kwark 10%	10 gram
100 gram noten	15 gram
100 gram pitten en zaden	20 gram
100 gram volkoren graanproducten*	10 gram
100 gram peulvruchten	5 gram
100 gram aardappelen*	2 gram
100 gram sojabonen	37 gram
100 gram sojaproducten	5 gram
100 gram zeewier	11 gram

*vanaf Sugarchallenge fase 3 toegestaan
Bron: www.voedingswaardetabel.nl

Zoals je ziet, heb je van sommige eiwitsoorten behoorlijk wat nodig om aan een gezonde dagelijkse hoeveelheid eiwitten te komen. Uiteraard is het exact benodigde gewicht aan eiwitten van veel meer factoren afhankelijk, maar een goede richtlijn die je helpt om ervoor te zorgen dat je dagelijks voldoende eiwitten binnenkrijgt, is dat je ongeveer 1 gram eiwit nodig hebt per kilo lichaamsgewicht. Als je intensief sport of herstellende bent na een ziekteperiode heb je meer eiwitten nodig.

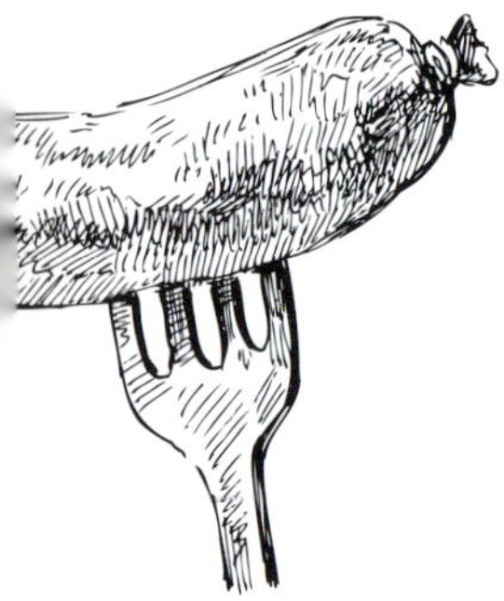

Biologisch vlees

Waar mogelijk kies ik voor biologisch vlees. Dit is een van de biologische producten waarin ik echt geloof. Naast het feit dat je door de aankoop van biologisch vlees een beter dierenleven ondersteunt en dat het vlees ook echt lekkerder is, bevat dit vlees veel meer gezonde omega-vetten en minder van de ongezonde 'dichtslib-vetten' die niet biologisch gehouden dieren leveren. De dieren hebben tijdens hun leven meer beweging gehad en zijn gevoed door de natuur in plaats van met kilo's maïs (dat bol staat van slechte suikers en andere stoffen). Ook bevat biologisch vlees vele malen minder antibiotica en andere chemische stoffen.

WORDT BIOLOGISCH VLEES TE KOSTBAAR VOOR JE? VARIEER DAN MEER MET VEGETARISCHE GERECHTEN, EN KIES HET VLEES DAT JE EET ZO PUUR MOGELIJK.

Zorg voor voldoende smeermiddelen

DOOR DE 'LET OP VET'-MANIE WAARMEE DE MEESTE MENSEN ZIJN OPGEVOED, BESTAAT ER NOGAL WAT ANGST VOOR HET ETEN VAN VET. VOLGENS DE CAMPAGNES MAAKT HET ETEN VAN VET ONS DIKKER EN ONGEZONDER EN ZOU VET EEN GROTE VEROORZAKER ZIJN VAN OVERGEWICHT EN HART- EN VAATZIEKTEN.

Dit geldt echter alleen voor de zogenaamde transvetten die je vindt in veel kant-en-klare, voorbewerkte producten, margarines en halvarines – vaak producten die in het kader van 'Let op vet' zijn geïntroduceerd als 'gezonde oplossing'. Deze kun je echter beter vermijden omdat ze je juist verder van huis brengen.

GEZONDE VETTEN ONDERSTEUNEN HET LICHAAM BIJ HET ONDERHOUDEN EN OPBOUWEN VAN DE LICHAAMSCELLEN EN -PROCESSEN. MET NAME DE ONVERZADIGDE VETTEN DIE JE VINDT IN BIJVOORBEELD OLIE, NOTEN EN VETTE VISSOORTEN ZIJN EEN GEWELDIGE VOEDINGSBRON VOOR HET LICHAAM EN HELPEN OM OP GEWICHT TE BLIJVEN. ZE ONDERSTEUNEN HET IMMUUNSYSTEEM EN HELPEN BIJ HET VOORKOMEN VAN ONTSTEKINGEN IN HET LICHAAM. OOK DRAGEN ZE BIJ AAN DE VERLAGING VAN HET CHOLESTEROL, ZORGEN ZE VOOR EEN GEZONDE, STRALENDE HUID EN HELPEN ZE JE OM JE EETLUST TE VERMINDEREN.

Daarnaast maakt het lichaam een aantal hormonen aan uit vetten en gebruikt het vetten als onderdeel van de celwanden en als grondstof voor de opbouw van het centrale zenuwstelsel. 'Let op voldoende gezonde vetten' zou dus eigenlijk het motto moeten zijn...
Onderstaande tabel geeft een overzicht van vetbronnen die je vanaf nu beter kunt vermijden met daarnaast een gezond alternatief. Gebruik bij iedere maaltijd een gezonde vetbron.

ONGEZONDE VETTEN	GEZONDE VETTEN
★ Margarine en halvarine	★ Roomboter, ghee, kokosvet
★ Koffiemelkpoeder	★ Koffieroom
★ Bak- en braadboter (vloeibaar)	★ Roomboter, ghee, kokosvet, olijfolie, palmolie
★ Vlees uit reguliere landbouw	★ Vlees uit biologische landbouw
★ Geteelde vis	★ Wilde vis
★ Hartige snacks tussendoor	★ Avocado, noten, zaden en pitten
★ Alle gefrituurde producten, friet, chips en gefrituurde aardappeltjes	★ Zelf friet bakken in de oven* (zie pagina 129), gepofte aardappel*
★ Kant-en-klare vleesproducten zoals burgers, worstjes, nuggets e.d.	★ Kies voor onbewerkt vlees of maak zelf een hamburger (zie website)
★ Kant-en-klare vegetarische vleesvervangers	★ Zelf gemarineerde tofoe, tempeh of soja, vegetarische burgers (zie website)
★ Snackrepen en gebrande noten	★ Ongebrande noten en zelfgemaakte repen (zie pagina 96)
★ Koekjes, cake en ander gebak	★ Een van de vele bakrecepten uit dit boek
★ De meeste mayonaise en andere sauzen	★ Zelf mayonaise en sauzen maken
★ Kant-en-klare saladedressings	★ Maak zelf dressings met olijfolie, balsamicoazijn, of een van de recepten uit dit boek

*vanaf Sugarchallenge fase 3 toegestaan

De sleutelrol van vitaminen en mineralen

VITAMINEN HELPEN BIJ DE OPNAME VAN DE VOEDINGSSTOFFEN UIT DE VOEDING. ZE ZORGEN OOK VOOR EEN UITGEBALANCEERDE HORMOONSPIEGEL EN STERKE BLOEDVATEN, EN ZE HELPEN JE HERSENEN EN CENTRALE ZENUWSTELSEL OM GOED TE KUNNEN FUNCTIONEREN.

Tevens helpen ze het lichaam om te ontgiften en zorgen ze ervoor dat het lichaam minder snel veroudert. Mineralen helpen de vitaminen om hun werk te doen. Ze zijn essentieel voor een goede werking van het centrale zenuwstelsel en ondersteunen het zuurstoftransport in het lichaam. Ook dragen ze bij aan het ontzuren van het lichaam. In bijlage 5 vind je een uitgebreid overzicht van vitaminen, mineralen en kruiden die je bloedsuikerspiegel ondersteunen.

7. Zo drink je jouw bloedsuikerspiegel gezond

Kies voor water

WATER IS ONTZETTEND BELANGRIJK VOOR HET LICHAAM. WE KUNNEN MAANDEN ZONDER VOEDING, MAAR ZONDER WATER HOUDEN WE HET MAAR EEN PAAR DAGEN VOL.

Dat komt doordat onze cellen voor een groot deel uit vocht bestaan. Water zorgt ervoor dat de voedingsstoffen die je tot je neemt snel kunnen worden omgezet en opgenomen in je lichaam. Hiermee ondersteunt water je stofwisseling en zorgt het ervoor dat je snel over energie kunt beschikken. Water helpt je ook om je hongergevoel te verminderen en is tevens het goedkoopste schoonheidsserum dat er is; het helpt je om je huid stralend, jong en gezond te houden. Zowel van binnenuit als van buitenaf.

De hoofdfuncties van water

Als hoofdbestanddeel van ons bloed is water een transporteur die ervoor zorgt dat alle voedingsstoffen en bouwstoffen snel op de juiste plek in het lichaam terechtkomen. Daarnaast speelt water ook een belangrijke rol bij de afvoer van de afvalstoffen die in het lichaam ontstaan. Hoe zuiverder het water dat je drinkt, des te meer afvalstoffen het kan oplossen en uit je lichaam kan verwijderen. Je zult begrijpen dat dit niet lukt met frisdranken of koffie en thee. Ik zeg altijd maar zo: 'Met water kun je de ramen lappen en schoonmaken, maar niet met limonade, alcohol of koffie!'

Kies voor zuiver water

Bij onze stofwisseling ontstaan dagelijks afvalstoffen in het lichaam. Deze afvalstoffen dienen uit de cellen te worden gehaald om vervolgens via het bloed het lichaam te kunnen verlaten. Dit is alleen mogelijk als deze 'slakken' vanuit de cel direct opgelost kunnen worden in water dat op celniveau opgenomen kan worden. Om verontreiniging te voorkomen laat de cel alleen zuiver water toe door het celmembraan. Als je water drinkt dat vol zit met suiker, thee, koffie of andere toevoegingen, zal het lichaam dit water eerst moeten reinigen voordat het gebruikt kan worden. Hierbij gaan heel veel kostbare lichaamsvloeistoffen (in de vorm van celwater) verloren, waardoor de cellen sneller zullen verouderen. Dit verklaart ook waarom je huid droog en rimpeliger wordt als je te weinig water hebt gedronken.

TIP
EEN GOEDE VUISTREGEL DIE JE KUNT AANHOUDEN OM DAGELIJKS VOLDOENDE WATER TE DRINKEN IS JE LICHAAMSGEWICHT TE DELEN DOOR 30. DE UITKOMST IN LITERS IS DE OPTIMALE HOEVEELHEID WATER VOOR JOUW LICHAAM. DRINK DEZE HOEVEELHEID VERDEELD OVER DE DAG.

Hoe zit het met het drinken van te veel water?

Het drinken van liters water in één keer (dus direct achter elkaar) is niet aan te raden. Hiermee belast je de nieren enorm en verstoor je de mineralenhuishouding van het lichaam. Bovendien kan het lichaam zo'n grote hoeveelheid water in één keer niet opnemen. Drink daarom water verdeeld over de dag. Een praktische richtlijn is om een hoeveelheid van één glas per uur aan te houden.

Zonder water geen stofwisseling

Water vervult in het lichaam een heel belangrijke rol. Sterker nog: zonder water is er geen stofwisseling mogelijk! 99 procent van alle stofwisselingsprocessen in ons lichaam vindt plaats in een vochtig milieu. Daarom is het drinken van voldoende water van levensbelang voor een gezond en goed functionerend lichaam. Het versnelt en optimaliseert de werking van de stofwisseling en helpt je lichaam om de bloedsuikerspiegel in balans te houden.

LET OP WATER IS GEEN KOFFIE, GEEN THEE, GEEN FRISDRANK OF VRUCHTENSAP. WATER IS WATER! ONS LICHAAM KAN HELEMAAL NIETS MET AL DIE WAT IK NOEM 'PRETDRANKEN'. DEZE VOEGEN GEEN VOCHT TOE, MAAR ONTTREKKEN OVER HET ALGEMEEN JUIST VOCHT AAN HET LICHAAM

Met name alle zoete en alcoholische dranken, maar ook koffie en cafeïnehoudende dranken zorgen voor een extra belasting en extra behoefte aan water omdat ze zorgen voor een stijging van de bloedsuikerspiegel. Het lichaam gebruikt onder andere water om de extra suikers in het bloed snel af te kunnen voeren (daarom krijg je vaak dorst van een ijsje of iets anders zoets en hebben mensen die in het voorstadium van diabetes verkeren vaak dorst en drang om vaak te plassen). Voor een goede werking van de stofwisseling is het lichaam dan ook aangewezen op water.

8. Suikers en zoetstoffen

ALS JE ECHT VAN JE SUIKERVERSLAVING AF WILT KOMEN, DAN ZIT ER MAAR ÉÉN DING OP EN DAT IS RIGOUREUS STOPPEN MET ALLE SUIKERS EN SNELLE KOOLHYDRATEN. HET IS NET ALS MET ROKEN EN MET ALCOHOL; EEN KLEIN BEETJE SUIKER KAN ER AL VOOR ZORGEN DAT DE HANG NAAR ZOET WEER WAKKER WORDT.

Zeker als je bloedsuikerspiegel sterk uit balans is, heeft je lichaam tijd en rust nodig om deze weer te herstellen. In dat kader is ook het vervangen van een 'ongezonde' suiker door een 'gezonde' suiker zeker in het begin niet aan te raden. Dat is hetzelfde als stoppen met het roken van sigaretten en verdergaan met af en toe een sigaartje...

Suiker tijdens de Sugarchallenge

Iedere Sugarchallenge-fase kent zijn eigen toegestane suikers. Dat heeft een reden: met name als je stopt met suiker, is het belangrijk dat je zo min mogelijk 'zoetprikkels' aan je lichaam geeft. Hierdoor kan het lichaam heel snel de bloedsuikerspiegel in balans gaan brengen. Zeker in het begin kan iedere zoetprikkel weer leiden tot een hongeraanval en voordat je het weet word je weer in de eindeloze suikerspiraal getrokken.

Fase 1 en 2

In de eerste en tweede fase van de Sugarchallenge zijn er om die reden 'slechts' twee suikervervangers toegestaan: groene stevia en gedroogde abrikozen. Mijn advies is om ook deze twee suikers zo veel mogelijk te laten staan, maar mocht je toch behoefte hebben aan zoet, kies dan voor een van deze twee zoetstoffen. Stevia beïnvloedt je bloedsuikerspiegel minimaal en voor gedroogde abrikozen geldt dat ze in kleine hoeveelheden nog net een glycemische lading onder de 10 hebben en daarom ook zijn toegestaan. Voor alle overige 'gezonde' suikers geldt dat je deze beter even kunt laten staan.

Fase 3

Vanaf de derde, suikerbewuste fase kun je langzaam weer wat 'gezonde' suikers aan je voeding toevoegen (als je dat wilt). Kies in deze fase voor natuurlijke suikers als kokosbloesemsuiker, palmsuiker, gedroogde zuidvruchten (dadels, rozijnen, vijgen) en koudgeslagen biologische honing of yakonsiroop. Al deze suikers hebben een hoge score als het gaat om de glycemische lading. Wees er dan ook voorzichtig mee en gebruik ze met mate! Zodra je merkt dat de hang naar suiker door het gebruik van deze zoetstoffen weer terugkomt, minder dan direct het gebruik van deze suikers!

In het boek *100% suikervrij in 30 dagen* bespreek ik uitvoerig alle suikersoorten die op de markt zijn. In dit basiskookboek heb ik ervoor gekozen om de suikers te bespreken die tijdens en na de Sugarchallenge zijn toegestaan. Ook in de gerechten in dit boek is uitsluitend gebruikgemaakt van de toegestane suikers.

Toegestane suikers in Sugarchallenge fase 1 en 2

IN FASE 1 EN 2 VAN DE SUGARCHALLENGE ZIJN TWEE 'ZOETMAKERS' TOEGESTAAN: GROENE STEVIA EN GEDROOGDE ABRIKOZEN.

Stevia

Stevia is een plantje dat oorspronkelijk afkomstig is uit Paraguay en daar door de Guaranay-indianen al eeuwenlang wordt gebruikt in kruidenmengsels en in hun voeding. Stevia is in de westerse wereld voornamelijk bekend als zoetstof vanwege de enorm zoete smaak van het steviablad dat ongeveer dertig tot veertig keer zoeter is dan suiker.

De zoetstof in stevia (de steviolglycosiden) wordt in het lichaam niet opgenomen en komt direct in de dikke darm. Daardoor heeft het nagenoeg geen effect op de bloedsuikerspiegel. Wel kan het zijn dat de zoete smaak van stevia bij suikerverslaafden mentaal de drang naar meer zoetigheid triggert. Het blijft dan ook oppassen geblazen met het gebruik van deze zoetstof.

STEVIABLADEREN BEVATTEN NAAST ZOETSTOFFEN, WAARVAN STEVIOSIDE DE MEEST BEKENDE IS, OOK TAL VAN MINERALEN, EIWITTEN, VITAMINEN EN ANDERE GEZONDE BESTANDDELEN. NAAST DE FUNCTIE VAN ZOETSTOF IS HET DAN OOK EEN ZEER GENEESKRACHTIGE KRUIDENPLANT.

STEVIA IS GOED VOOR JE GEZONDHEID

In Paraguay zijn de helende eigenschappen van de steviaplant algemeen bekend en worden de bladeren, capsules en stevia-extracten gebruikt als medicijn door de artsen. Zo helpt stevia (het hele blad) mogelijk:

- ★ om de bloedsuikerspiegel te verlagen en te stabiliseren naar normale waarden doordat het de alvleesklier voedt en helpt om zijn werking te verbeteren;
- ★ om de trek in zoet en vet voedsel te verminderen doordat het de verbinding tussen de maag en het verzadigingscentrum in de hersenen herstelt;
- ★ om de bacteriegroei in de mond te onderdrukken en gaatjes te voorkomen;
- ★ om het ontstaan van wildgroei van schimmels in de darmen te verminderen omdat het geen voeding geeft aan de schimmels;
- ★ om verzuring van het lichaam tegen te gaan;
- ★ om het maagzuur te verminderen;
- ★ om wonden mooier en sneller te laten genezen; het zou zelfs zo zijn dat door het gebruik van steviablad of -extract op de wond de genezing vele malen sneller verloopt met minder kans op littekens;
- ★ om huidproblemen zoals eczeem en psoriasis te helen.

Berry 'Ik ben zo blij dat ik het boek *100% suikervrij in 30 dagen* heb gekocht: door goed op te letten en suikervrije etenswaren in huis te halen kan ik voortaan alles wat ik in huis heb eten zonder na te denken. Ik ben in twee maanden vier kilo afgevallen!'

Ook de westerse gezondheidszorg raakt steeds meer van de kwaliteiten van stevia doordrongen en wordt daarom steeds enthousiaster. Maar daarmee wordt het natuurlijk ook oppassen geblazen omdat door de toenemende populariteit en bekendheid het risico op 'steviawildgroei' toeneemt!

ER IS STEVIA EN ER IS STEVIA

STEVIA IS IN VERSCHILLENDE VORMEN OP DE MARKT VERKRIJGBAAR

- ★ Verse bladeren die je bijvoorbeeld van je eigen steviaplantje oogst. (Bij de meeste tuincentra is stevia te koop als kruidenplant.)
- ★ Gedroogde bladeren die je als blad kunt gebruiken om bijvoorbeeld thee van te maken, maar die je ook kunt vermalen tot poeder.
- ★ Ruw stevia-extract, gemaakt van vermalen steviablad waarvan een extract wordt getrokken.
- ★ Commerciële stevia, door fabrikanten verdund met allerlei vulmiddelen en veelal aangevuld met zoetstoffen. (Dit is de variant die je beter kunt laten staan!)

ENKEL DE ONBEWERKTE, RUWE STEVIAVARIANTEN EN STEVIA-EXTRACT MET MINIMAAL 95 PROCENT STEVIOLGLYCOSIDEN HEBBEN NAAST EEN ENORME ZOETKRACHT OOK EEN GENEESKRACHTIGE WERKING. DIT GELDT DUS NIET VOOR DE 'COMMERCIËLE STEVIA' DIE TE KUST EN TE KEUR WORDT AANGEBODEN EN WORDT VERWERKT IN ALLERHANDE VOEDINGSPRODUCTEN. KIJK HIER DAN OOK GOED MEE UIT!

COMMERCIËLE STEVIA

Het lijkt alsof de voedingsindustrie door heeft dat de zoetstof stevia weleens het nieuwe goud zou kunnen zijn. En dus wordt er driftig geadverteerd met kreten als: 'Natuurlijk gezoet met stevia' of '100% natuurlijk en gezond, met stevia'. Maar is dat ook zo? Maakt het feit dat er stevia wordt gebruikt als zoetstof een product per definitie gezond? Het antwoord is nee...
Omdat stevia steeds populairder lijkt te worden als zoetstof is het oppassen geblazen. Fabrikanten pikken uiteraard graag hun graantje mee van deze nieuwste 'gezond zoet'-rage die ervoor zorgt dat de consument zijn zoetbehoefte kan vervullen. Daarom wordt er naar hartenlust gemengd en gemixt met allerlei vulstoffen om zo een betaalbaar product te kunnen leveren waarbij op het etiket 'stevia' vermeld mag worden.
Zo worden er suikerstoffen als fructose en maltodextrine toegevoegd, die niet bepaald gezondheidsbevorderend zijn en die bovendien in het lichaam een 'suikerreactie' oproepen. Kies daarom bij aanschaf van stevia voor een kwalitatief goed en zuiver product. Goede stevia

wordt verkocht via goede superfoodswebsites en in de betere natuurvoedingswinkels en kost minimaal tien euro voor een kleine verpakking.

Persoonlijk gebruik ik groene stevia, dit is verkrijgbaar in poeder en als gedroogd blad. Op die manier weet ik zeker dat er niet mee gerommeld is.

AAN COMMERCIËLE STEVIA WORDEN OVER HET ALGEMEEN ONDERSTEUNENDE STOFFEN TOEGEVOEGD OM DE ENORME ZOETKRACHT VAN DE STEVIOLGLYCOSIDEN (DIE ONGEVEER 300 KEER ZOETER ZIJN DAN SUIKER) WAT AF TE ZWAKKEN EN HET PRODUCT BETER DOSEERBAAR TE MAKEN.

DAARNAAST ZORGEN DE TOEGEVOEGDE STOFFEN ERVOOR DAT DE STEVIA BETER BETAALBAAR (LEES: GOEDKOPER) WORDT VOOR DE CONSUMENT. GOEDKOOP IS IN DIT GEVAL ECHTER DUURKOOP!

ZELF STEVIA KWEKEN

Het veiligst (en het leukst) is het natuurlijk om zelf je eigen steviaplantje te kweken. Op die manier weet je zeker dat je zuivere stevia hebt en kun je ook alle geneeskrachtige eigenschappen ten volle benutten. Steviaplantjes zijn bij de meeste tuincentra te koop als plantje of als zaadjes. De plant is niet winterhard, is gek op zon en moet veel water hebben. Hoe meer zon, des te zoeter de plant zal worden. Zet de plant in een mooie ruime pot van zo'n 18 cm doorsnee en vertroetel 'm goed zodat ie lekker zoet wordt!

KOKEN MET STEVIA

Met stevia kun je ook prima koken. Tot 200 °C is het prima te verhitten en een perfecte suikervervanger. Het is alleen even zoeken naar de juiste verhoudingen omdat stevia vele malen zoeter is dan suiker. Wees dus heel voorzichtig met het toevoegen van stevia in recepten.

VOOR EEN VERGELIJKBAAR EFFECT VAN 100 GRAM SUIKER KUN JE ONGEVEER DE VOLGENDE HOEVEELHEDEN AANHOUDEN

- ★ 1 tl steviolglycosidenpoeder
- ★ 6 tl stevia-extract
- ★ 1 el gemalen steviablad

Gedroogde abrikozen

Gedroogde abrikozen zijn een perfecte zoetstof in veel gerechten. Met name in de rawfood-wereld worden abrikozen in veel gerechten gebruikt. Ook al zijn gedroogde abrikozen vrij zoet, de glycemische lading valt nog net onder de 10, wat ze geschikt maakt als zoetstof tijdens de eerste twee fasen van de Sugarchallenge. Abrikozen leveren veel vitaminen en mineralen, waaronder het mineraal kalium dat het lichaam onder andere ondersteunt bij het verlagen van de bloeddruk en het goed functioneren van de spieren. Daarnaast bevatten ze veel vezels, ijzer en een flinke portie vitamine E. In de oudheid stond de abrikoos dan ook bekend als een heilzame vrucht die werd ingezet ter genezing van allerhande kwalen. Uiteraard geldt ook hier dat gematigd gebruik wordt aangeraden.

Toegestane suikers in Sugarchallenge fase 3

IN DE DERDE, SUIKERBEWUSTE FASE VAN DE SUGARCHALLENGE KUN JE ERVOOR KIEZEN OM WEER MET MATE ENIGE SUIKERS AAN JE MAALTIJDEN TOE TE VOEGEN. ONDERSTAANDE SUIKERS EN ZOETMIDDELEN KUN JE VANAF DEZE FASE WEER (AF EN TOE) GEBRUIKEN.

Honing

Honing is misschien wel het oudste heilzame zoetmiddel dat we kennen. Zo gebruikte Hippocrates, de grondlegger van de moderne geneeskunde, honing om syfilis te behandelen en namen de Griekse atleten zo'n tweeduizend jaar geleden dagelijks een portie honing tijdens hun trainingen voor de Olympiade. Honing heeft een antibacteriële werking en ondersteunt als natuurlijk antiviraal middel het immuunsysteem.
Los van alle heilzame effecten bevat honing grote hoeveelheden suikers in de vorm van fructose (38 procent) en glucose (30 procent) die niet echt vriendelijk zijn voor je bloedsuikerspiegel. Wat wel prettig is, is dat honing de hormonen acetylcholine en choline bevat, die ervoor zorgen dat honing (in tegenstelling tot andere fructosesoorten) geen leververvetting veroorzaakt.

ER IS HONING EN ER IS HONING...

Ondanks het feit dat honing zorgt voor een aanzienlijke stijging van de bloedsuikerspiegel, ben ik inmiddels van mening dat het een prima zoetstof kan zijn in een suikerbewuste leefstijl. Wel is het oppassen geblazen met de honing zoals deze in de supermarkt verkrijgbaar is. Hier wordt over het algemeen behoorlijk mee gerommeld. Vaak wordt suikerwater toegevoegd aan de honing om zo een betaalbaar product te kunnen aanbieden. Daarom is mijn advies om terughoudend te zijn met het gebruik van honing en echt te kiezen voor biologische en koudgeslagen honing om zo optimaal te profiteren van de gezondheidsbevorderende eigenschappen en te voorkomen dat je veel toegevoegde suikers binnenkrijgt.

Bananen

Banaan is de favoriete vrucht van veel suikerverslaafden. Ergens is dit ook goed te begrijpen omdat een banaan heel veel suiker levert. Daarnaast leveren bananen het aminozuur tryptofaan, dat de aanmaak van het 'feel good-hormoon' serotonine bevordert, wat veel suikerverslaafden tekortkomen. Onrijpe bananen bevatten veel zetmeel. Dit wordt gedurende het rijpingsproces omgezet in suiker. Een onrijpe banaan bevat slechts 1-2 procent suiker en is daarmee wellicht minder zoet dan een rijpe banaan, die tot 20 procent suiker kan bevatten. In beide gevallen is de banaan echter een leverancier van snelle koolhydraten en daarom zeker niet aan te raden in de eerste twee fasen van de Sugarchallenge. Echter, als natuurlijke zoetstof is de banaan prima te gebruiken in een suikerbewuste leefstijl. Gebruik vanaf dan gerust af en toe een halve banaan in een milkshake of verwerk eens een banaan in het deeg van zoetwaren. Wees echter terughoudend met het eten van bananen als tussendoortje.

Palmsuiker

Palmsuiker wordt gemaakt uit het sap van bepaalde palmboomsoorten. Dit sap wordt gewonnen door een schijf van de bloemstengel af te snijden en deze uit te laten druipen. Palmsuiker is natuurlijk en vrij ongeraffineerd en wordt veel gebruikt in de Thaise en Javaanse keuken. Het is een suiker die een middelmatige invloed heeft op de bloedsuikerspiegel. Het is onder andere te koop bij de Jumbo, in natuurvoedingswinkels, de toko en Turkse winkels. Let er wel goed op dat er alleen maar palmsuiker in de verpakking zit (dus even goed het etiket lezen).

Kokosbloesemsuiker

Ook kokosbloesemsuiker wordt gewonnen uit een palmboom: de kokospalm. Het wordt gemaakt uit de nectar van de kokosbloesem. Kokosbloesemsuiker is een heel duurzame suiker omdat de suikeropbrengsten van de kokosbloesem vele malen hoger liggen dan die van bijvoorbeeld suikerbieten. Je kunt het gebruiken om mee te bakken of als zoetstof.

Gedroogde zuidvruchten

Naast abrikozen zijn ook dadels, vijgen en rozijnen perfecte natuurlijke zoetmakers. Wel zijn deze laatste drie vele malen zoeter dan abrikozen en daarom pas vanaf de derde fase toegestaan. Gebruik ze fijngesneden door de havermoutpap, als zoetstof in bakgerechten of gecombineerd met eiwitten als tussendoortje. Ook hier geldt: alles met mate.

Lucuma

Lucuma is een exotische vrucht uit Peru en heeft de bijnaam 'Incagoud'. Lucumabomen kunnen vijfhonderd jaar oud worden. De vrucht smaakt naar vanillekaramel en het gele lucumapoeder heeft een lage glycemische index en kan goed gebruikt worden als suikervervanger. Lucuma bevat van nature veel vitaminen, mineralen, eiwitten, aminozuren, voedingsvezels en antioxidanten.

Mesquitepoeder

Mesquitepoeder wordt gemaakt van de peulvruchten van de mesquiteboom. Deze boom groeit met name in Zuid-Amerika, Mexico en het zuiden van de Verenigde Staten. Deze natuurlijke zoetstof heeft een hoge voedingswaarde en helpt het lichaam om de bloedsuikerspiegel in balans te houden. Daarnaast worden er vele geneeskrachtige eigenschappen aan toegedicht. Mesquitepoeder smaakt een beetje stroopachtig en kan verwerkt worden in zowel koude als warme gerechten. Ook kun je er prima mee bakken.

Sanne 'Inmiddels ben ik ruim acht kilo afgevallen en heb ik na een dieetverleden eindelijk door hoe 'het' werkt. Mijn darmen zijn veel rustiger, mijn stoelgang is verbeterd en ik heb ook minder last van eczeem. Ik zat in een negatieve spiraal en dat is helemaal weg! Ik ben dan ook zeker van plan om door te gaan, wil nooit meer terug naar hoe het was.'

4 recepten

9. Recepten

TOELICHTING BIJ DE RECEPTEN

RECEPTEN MET EEN * ZIJN GESCHIKT VANAF DE SUIKERBEWUSTE FASE. ALLE OVERIGE RECEPTEN KUN JE ETEN TIJDENS JOUW SUGAR-CHALLENGE!

Ieder mens is anders, daarom gelden ook voor ieder mens andere portiegroottes. Om die reden staat niet bij alle recepten exact het aantal personen aangegeven. Het zou immers vervelend zijn als je te weinig zou hebben of teveel. Voor sommige recepten wijst het aantal personen zich vanzelf en voor andere recepten is het advies om uit te gaan van de grootte van de eiwitportie. Op basis daarvan kun je over het algemeen aardig inschatten hoeveel je uiteindelijk nodig hebt voor jouw gezinssamenstelling.

Ontbijt

EEN BELANGRIJKE REGEL OM TE ONTHOUDEN IS DAT JE ONTBIJT BEPAALT HOEVEEL HONGER JE DE REST VAN DE DAG HEBT. MEERDERE ONDERZOEKEN TONEN AAN DAT MENSEN DIE ONTBIJTEN MET VEEL SUIKERS EN SNELLE KOOLHYDRATEN GEDURENDE DE DAG TOT ENKELE HONDERDEN CALORIEËN EXTRA NAAR BINNEN WERKEN. KIES DAAROM JE ONTBIJT ZORGVULDIG EN NEEM DE TIJD OM TE ONTBIJTEN. EEN GOED ONTBIJT BEVAT EEN RUIME PORTIE (LANGZAME) KOOLHYDRATEN, GOED GECOMBINEERD MET EEN PORTIE EIWITTEN EN DAARNAAST VOLDOENDE VEZELS EN GEZONDE VETTEN.

De koolhydraten zijn nodig om de energievoorziening en verbranding goed op te starten (vergelijk het maar met het aanmaakhout in een kachel). De eiwitten functioneren als bouwstof en de vezels zorgen ervoor dat je gedurende de ochtend goed verzadigd bent. Bovendien helpen ze je om de bloedsuikerspiegel mooi in balans te houden en stimuleren ze je darmen om de ontlasting die is opgebouwd gedurende de nacht naar buiten te werken.
Veel mensen hebben in de ochtend behoefte aan zoet. Dat komt doordat de bloedsuikerspiegel licht is verhoogd door de aanmaak van het hormoon cortisol (dat ervoor zorgt dat we wakker worden). Hierdoor is de verleiding om in de ochtend te kiezen voor een kop koffie met een broodje jam groot. Echter: hoe meer suikers en snelle koolhydraten je bij je ontbijt eet, des te sneller je weer honger hebt. De sleutel tot een gezonde bloedsuikerspiegel (en minder snaai-aanvallen gedurende de dag) is dan ook een optimaal en suikervrij ontbijt!

Ontbijtkoek*

Om één normale ontbijtkoek te maken worden maar liefst acht verschillende soorten suiker gebruikt. Het resultaat is een mierzoete massa die drie tot vijf suikerklontjes bevat per plakje. Gelukkig kan het ook anders. Een beetje experimenteren in de keuken heeft een heerlijke ontbijtkoek opgeleverd met flink wat minder suiker.

Meng alle ingrediënten door elkaar in een ruime kom. Doe het mengsel vervolgens in een ingevette cakevorm en bak het in ongeveer 35 min. gaar in een voorverwarmde oven op 170 °C. De koek is gaar als je er een prikker insteekt en deze er droog uitkomt.

JE HEBT NODIG

- ★ 150 g volkoren speltmeel (of amandelmeel/ quinoameel als je kiest voor volledig glutenvrij)
- ★ 2 el honing
- ★ 2 el kokosvet
- ★ 3 eieren
- ★ 3 tl koekkruiden
- ★ 2 tl kaneel
- ★ 100 gram worteljulienne
- ★ 1 el wijnsteenbakpoeder

Ontbijtsmoothies

ALS JE WEINIG TIJD HEBT OM TE ONTBIJTEN, ZIJN DEZE ONTBIJTSMOOTHIES EEN UITKOMST. JE KUNT ZE EVENTUEEL AL DE AVOND VAN TEVOREN MAKEN EN IN DE KOELKAST BEWAREN IN EEN SPECIALE THERMOBEKER DIE JE DE VOLGENDE OCHTEND ZO MEENEEMT IN DE AUTO. BELANGRIJK BIJ HET SAMENSTELLEN VAN EEN SMOOTHIE IS DAT JE HEM NIET TE ZOET MAAKT EN ZORGT VOOR VOLDOENDE EIWITTEN, VEZELS EN VETTEN ZODAT JE GOED EN LANG VERZADIGD BENT. PERSOONLIJK MENG IK DAAROM ALTIJD NOG EEN FLINKE HAND ZONNEBLOEMPITTEN OF HAVERMOUT DOOR MIJN SMOOTHIE.

Yoghurtsmoothie met havermout en framboos

JE HEBT NODIG

- ★ 200 ml volle yoghurt (3,5% vet)
- ★ 100 g (bevroren) frambozen
- ★ 4 el havervlokken

Doe de yoghurt samen met de frambozen in de blender. Blender tot alles goed gemengd is en voeg dan de havervlokken toe. Roer goed door elkaar en laat ongeveer 15 min. staan zodat de haver lekker zacht wordt.

TIP
DEZE SMOOTHIE KUN JE PRIMA EEN AVOND VAN TEVOREN MAKEN. DE HAVERMOUT ZAL DAN FLINK VOCHT OPNEMEN WAARDOOR HET GEHEEL MEER CONSISTENTIE KRIJGT.

Tropicalsmoothie

Deze smoothie is heerlijk in de zomer, of als extra aanvulling op een speciaal ontbijt. Combineer 'm met een stuk notenbrood (zie pagina 92) of een gekookt eitje.

Doe alle ingrediënten bij elkaar in de blender en laat draaien totdat alles goed gemengd is.

JE HEBT NODIG

- ★ 200 ml kokoswater (let op: zonder smaakje)
- ★ 2 plakken verse ananas in grove stukken
- ★ een flinke hand basilicum
- ★ 1 el kokosolie
- ★ 3 handen verse spinazie

TIP VOEG VOOR EEN EXTRA 'BITE' EEN HANDJE GEROOSTERDE ZONNEBLOEMPITTEN TOE AAN DE SMOOTHIE.

Avocado-sinaasappelsmoothie

Roer het chiazaad door een half glas lauwwarm water en laat ongeveer 15 min. staan totdat het een papje vormt. Pers de sinaasappels uit en doe het sap samen met de avocado's en rucola in de blender. Laat draaien totdat alles goed gemengd is. Voeg tot slot het opgeloste chiazaad toe.

JE HEBT NODIG

- ★ sap van 4 sinaasappels
- ★ 2 rijpe avocado's, geschild en ontpit
- ★ 2 handen rucola (of spinazie)
- ★ 1 el chiazaad

TIP VOOR EEN TROPISCH TINTJE KUN JE ER NOG WAT GERASPTE KOKOS AAN TOEVOEGEN!

Rijstepap met havermout en kaneel

JE HEBT NODIG

- ★ 2 grote mokken rijstmelk* (of sojamelk of amandelmelk of havermelk)
- ★ 4 el havermout
- ★ 1 appel, geschild en geraspt
- ★ flink wat kaneel

Zeker in de winter is rijstepap een heerlijk warm ontbijt. Maar ook in de zomer biedt het een goede basis om mee te starten. Ik gebruik zelf het liefst rijstmelk, maar dit is voor gebruik tijdens de Sugarchallenge eigenlijk iets te zoet. Kies daarom tijdens je Sugarchallenge voor een basis van ongezoete sojamelk of ongezoete amandelmelk.

Breng op een zacht vuurtje de melk samen met de havermout al roerende aan de kook. Laat kort even doorkoken en zet het vervolgens met de deksel op de pan ongeveer 15 min. weg. Schil en rasp intussen de appel en doe deze in een ruime kom. Giet de pap erover en bestrooi rijkelijk met kaneel.
Je kunt de pap warm of koud eten. Met name in de zomermaanden is deze pap heerlijk als koud ontbijt. Maak hem in dat geval de avond van tevoren en zet hem in de koelkast. Bestrooi de volgende dag met kaneel en geraspte appel en smullen maar!

TIP
VOEG IN PLAATS VAN APPEL EENS BLAUWE BESSEN OF GEWELDE ROZIJNEN* TOE OF MAAK HET EXTRA LUXE MET DADELS*, GEITENKAAS EN GEHAKTE WALNOTEN...

Overnight oats

Overnight oats zijn granen die je een nacht 'in de week zet'. Hierdoor zuigen ze zich vol met het vocht waarin je ze weekt en kun je ze de volgende dag direct koud of warm eten. Supervoedzaam en vol met vezels.

Meng de avond voordat je de oats wilt eten de havermout, amandelmelk, het limoensap, de vanillepoeder en de gedroogde abrikozen door elkaar. Dek deze af en zet ze een nacht in de koelkast. Kies de volgende ochtend of je jouw oats warm of koud wilt eten. Als je ze warm wilt eten, warm ze dan even op. Voeg voordat je gaat eten de noten toe en strooi kaneel naar smaak over de oats. Eventueel kun je er nog een klein beetje honing door roeren, maar dat is eigenlijk niet nodig. Doordat de oats de hele nacht hebben kunnen inweken met de abrikozen zijn ze al lekker zoet van smaak.

JE HEBT NODIG

- ★ 4 el havermout of een andere 'oat' zoals boekweitgrutten
- ★ 2 mokken melk, bijvoorbeeld amandelmelk
- ★ sap van een halve limoen
- ★ ½ tl vanillepoeder
- ★ 1 el gedroogde abrikozen, in kleine blokjes
- ★ 1 el gehakte walnoten
- ★ kaneel naar smaak
- ★ optioneel: klein beetje honing*

Griekse vanilleyoghurt met fruit en noten

JE HEBT NODIG

- ★ 200 ml Griekse yoghurt
- ★ 1 tl vanillepoeder of vanille-essence
- ★ 1 portie fruit naar keuze (ik kies vaak voor appel of bosbessen)
- ★ 1 klein handje gehakte noten
- ★ optioneel: 1 tl honing* (laat in dat geval het fruit achterwege)

Zuivelproducten zijn tijdens de Sugarchallenge gewoon toegestaan, maar uiteraard wel zonder suiker. Gelukkig kun je zelf de meest heerlijke suikervrije gerechten maken met yoghurt als basis! Griekse yoghurt is een van mijn favorieten. Maar ook volle yoghurt (kies voor yoghurt met 3,5% vet) vind ik heerlijk. Ben jij een van die mensen die niet tegen melkproducten kunnen en/of ervoor kiezen om geen zuivel te eten, dan kun je voor dit recept ook sojayoghurt of lactosevrije yoghurt gebruiken (uiteraard zonder suiker). Geiten- of schapenyoghurt biedt een goede 'tussenweg'.

Meng de yoghurt met de vanillepoeder en laat 15 min. staan zodat de smaak goed kan intrekken (dit kun je eventueel ook een dag van tevoren klaarmaken). Meng vervolgens met het fruit en de noten. Vanaf fase 3 kun je eventueel wat honing toevoegen. In dat geval is mijn advies om het fruit weg te laten.

Boekweitpannenkoekjes met yoghurt en warme bessen*

De kinderen hier in huis zijn altijd blij verrast als we ontbijten met boekweitpannenkoekjes. Wij combineren ze vaak met een schep yoghurt en vers fruit, maar uiteraard kun je ze ook hartig bakken met kaas of spek.

Meng alle ingrediënten door elkaar met een mixer of in de blender. Verwarm de koekenpan en doe er een beetje kokosvet in. Bak vervolgens mooie dunne pannenkoekjes.

JE HEBT NODIG VOOR 4 PANNENKOEKEN

- ★ 50 g boekweitmeel*
- ★ 1 ei
- ★ snufje zout
- ★ water totdat je een mooi, dun beslag hebt
- ★ kokosvet
- ★ fruit naar keuze
- ★ volle yoghurt naar keuze

TIP
MAAK DE PANNENKOEKJES NIET AL TE DIK DAN KUN JE ZE OOK PRIMA GEBRUIKEN OM PANNENKOEKROLLETJES VAN TE MAKEN DIE JE VULT MET ALLERHANDE ZOETE OF HARTIGE VARIATIES. LEKKER ALS LUNCH OF MEE NAAR SCHOOL, MAAR OOK ZEER GESCHIKT ALS GEZONDE SNACK.

Appel-notenbrood met amandelspijs*

JE HEBT NODIG

- 150 g grof gemalen noten
- 100 g worteljulienne
- 3 el kokossnippers
- 3 el zonnebloempitten
- 3 el pompoenpitten
- 3 el sesamzaad
- 50 g gewelde rozijnen*
- 50 g gedroogde en gewelde abrikozen in kleine stukjes (tip: gebruik tijdens je Sugarchallenge 100 g abrikozen en laat de rozijnen achterwege)
- 1 tl vanillepoeder
- 6 eieren
- 1 flinke el kokosvet
- 2 appels in kleine stukjes
- 1 el wijnsteenbakpoeder

Mijn vriendin Marjolein van de Energieke Vrouwen Academie heeft een geweldig e-kookboekje geschreven met heerlijke, suikervrije ontbijtrecepten. Het heet 'Optimaal Ontbijt' en is verkrijgbaar in de Sugarchallengewebshop. Dit appel-notenbrood is mijn variant op haar overheerlijke notenbrood. Ik maak het vaak en eet het als ontbijt met een flinke schep yoghurt, kaneel en wat vers fruit of honing*, maar het is ook heerlijk als tussendoortje of traktatie.

Meng de gemalen noten in een grote kom samen met de kokossnippers, worteljulienne, zonnebloempitten, pompoenpitten, sesamzaad, abrikozen en rozijnen* door elkaar. Voeg de vanillepoeder toe en meng nogmaals door. Voeg de eieren toe en smelt intussen het kokosvet in een pannetje. Meng ook dit door het deeg. Spatel de appelstukjes door het beslag en roer tot slot voorzichtig het bakpoeder erdoor.

Vet een cakevorm goed in en doe het beslag in de vorm en dek deze af met aluminiumfolie. Bak het brood vervolgens in een voorverwarmde oven op 180 graden een halfuur met het aluminiumfolie en daarna nog een klein halfuur zonder het folie tot het goudbruin van kleur is.

TIP

SNIJD HET BROOD IN PLAKJES EN VRIES DEZE PER TWEE OF VIER IN. ZO HEB JE ALTIJD EEN LEKKERE SUIKERVRIJE TRAKTATIE BIJ DE HAND VOOR ONVERWACHT BEZOEK OF EEN NOODMAALTIJD VOOR ONVERWACHTE SITUATIES.

Door het toevoegen van amandelspijs maak je van dit brood in een handomdraai een heerlijk gluten- en suikervrij kerst- of paasbrood!* Vul in dat geval de bakvorm met de helft van het deeg, leg het amandelspijs in de bakvorm en vul af met de rest van het deeg. Bak het vervolgens zoals aangegeven.

HET AMANDELSPIJS* MAAK JE ALS VOLGT

Meng alle ingrediënten door elkaar tot een stevig spijs en laat het een halfuurtje opstijven in de koelkast.

JE HEBT NODIG

- 150 g amandelmeel
- 40 g kokosbloesemsuiker* of 2 el honing*
- sap van 1 limoen en 1 el geraspte limoenschil
- 1 ei, losgeklopt

Omelet met groente

REGELMATIG ONTVANG IK NOG PANIEKREACTIES VAN MENSEN DIE BANG ZIJN DAT HUN CHOLESTEROLGEHALTE TE HOOG WORDT DOOR HET ETEN VAN EIEREN. DIT IS NIET HET GEVAL. WETENSCHAPPELIJK IS ZELFS AANGETOOND DAT HET CHOLESTEROL UIT EIEREN GEEN RELATIE HEEFT MET DE CHOLESTEROL IN ONS LICHAAM, MAAR JUIST HEEL GEZOND IS VOOR ONS LICHAAM. HET TEVEEL AAN CHOLESTEROL DAT IN HET LICHAAM WORDT GEVORMD, WORDT HOOFDZAKELIJK VEROORZAAKT DOOR HET ETEN VAN SNELLE KOOLHYDRATEN EN SUIKERS... DUS NEEM GERUST EEN EITJE BIJ JE ONTBIJT! BIJ ONS THUIS IS EEN OMELETJE OF GEBAKKEN EI EEN FAVORIET BEGIN VAN DE DAG. VAAK GEBRUIK IK DIT ONTBIJT OM RESTJES GROENTE IN TE VERWERKEN, MAAR SOMS DOEN WE HET OOK ZONDER.

JE HEBT NODIG

★ 2 eieren per persoon
★ scheutje koffieroom of water
★ handje fijngesneden verse peterselie
★ 1 zakje fijngesneden soepgroente (of andere groenterestjes die je fijn snippert)
★ scheutje olijfolie of kokosolie

TIP
LEKKER MET ZELFGEMAAKTE MAYONAISE OF TON'S-BELZE MAYO!

Breek de eieren in een schaal en voeg de koffieroom of het water toe. Klop met een vork tot een schuimige massa en voeg zout en peper naar smaak toe. Roer tot slot de peterselie erdoor. Verwarm intussen op een matig vuur de olijfolie. Voeg de fijngesneden soepgroente toe en laat heel even bakken. Voeg vervolgens het eiermengsel toe en draai het vuur zachter zodat de omelet langzaam gaart. Doe eventueel een deksel op de pan.

Omelet is ook ideaal om mee te nemen als lunch samen met wat plakjes komkommer of kleine snoeptomaatjes.

KIES OOK EENS VOOR

★ **OMELET MET PREI EN CHAMPIGNONS:** met dunne preiringetjes en fijngesneden champignons, dragon en/of verse peterselie.

★ **OMELET MET GEROOKTE ZALM:** doe zalmsnippers in de pan en voeg direct het ei erbij; ook lekker met bieslook, mierikswortel (al door het ei mengen), peper en zout.

★ **ROEREI MET BIESLOOK:** doe de geklutste eieren in de pan, blijf hierin roeren zodat er kleine stukjes ei ontstaan. Voeg op het laatst de fijngesneden bieslook toe.

Oma's groentesoep van Henny

MIJN VRIENDIN HENNY IS GESPECIALISEERD IN DE CHINESE GENEESKUNDE EN IS DAAROM EEN GROOT VOORSTANDER VAN SOEP ALS ONTBIJT. IK MOET EERLIJK ZEGGEN DAT IK DAT ALTIJD MAAR EEN RAAR IETS VOND. TOTDAT ZE MIJ EEN KEERTJE OP EEN SOEPONTBIJT TRAKTEERDE. SINDSDIEN EET IK ZEKER IN DE WINTER GRAAG AF EN TOE EEN KOPJE STEVIGE RUNDVLEESSOEP VOLGENS HAAR RECEPT!

Henny: *'Net als bij onze grootmoeders is het in de Chinese geneeskunde van belang de juiste ingrediënten in het juiste jaargetijde te gebruiken. 's Winters wordt gekozen voor verwarmende voeding en de smaak zout, in de zomer gaat het juist om verkoelend en de smaak bitter. Het voorjaar is de overgang van het vette van de winter naar het magere van de zomer en staat de smaak zuur centraal, en in de herfst is het juist andersom en speelt de smaak pittig de hoofdrol. Het element aarde verbindt in het Chinese voedselproces na ieder seizoen de elementen aan elkaar met haar zoete smaak. Het klinkt misschien gek, maar ontbijten met een stevige verwarmende soep in de winter is een goed begin van de dag. Deze soep is bijzonder verwarmend, bouwt sappen op en beschermt tegen extreme koude.'*

Vul een pan met water en zet deze op met de schenkel en/of mergpijp, het vlees en de bouillonblokjes. Schep, als het kookt, het schuim eraf (hiermee verminder je eventuele winderigheid). Voeg vervolgens de kruidnagels, de laurierblaadjes, wat stukjes verse gember en wat oregano toe.

Laat op een heel laag vuur het vlees minimaal 3 uur trekken. Als het langer kan is het beter. Vaak zet ik de soep 's avonds laat op en laat deze de hele nacht op het vuur staan. Doe daarna de groente erbij en laat dat nog minimaal 1 uur meetrekken. Proef en maak de soep af met wat tamarisaus en/of zout.

JE HEBT NODIG

- ★ 1 grote runderschenkel en/of 1 mergpijp
- ★ naar smaak extra rundvlees
- ★ 1 of 2 biologische groentebouillonblokjes naar smaak (echt niet meer, anders gaan ze overheersen)
- ★ 3-4 kruidnagels
- ★ 2 laurierblaadjes
- ★ verse gember naar smaak
- ★ oregano naar smaak
- ★ 1 zak (of voor een grote pan 2 zakken) boerensoepgroente (snijd je de groente zelf, neem dan lekkere winterwortelen, allerlei koolsoorten en/of bonen en erwten)
- ★ beetje tamarisaus

Pittige ontbijtjes

ZADEN EN PITTEN ZIJN EEN ENORM RIJKE BRON VAN EIWITTEN EN GEZONDE VETTEN. ZE ZIJN ZEER VOEDZAAM EN DOORDAT ZE DE BASISVOEDING BEVATTEN VOOR DE START VAN EEN HELE PLANT BIEDEN ZE HET LICHAAM ENORM VEEL LEVENSENERGIE EN GROEIKRACHT. ZE ZIJN GESCHIKT ALS TUSSENDOORTJE EN STAAN DAARNAAST OOK GARANT VOOR EEN SUPER START VAN JE DAG!

Ontbijtrepen*

JE HEBT NODIG VOOR HET BASISRECEPT

- een flinke hand gekookte en gepureerde of fijngesneden gedroogde abrikozen, dadels*, rozijnen* of vijgen*
- noten-pittenmengsel dat je maakt van:
  - 2 el havervlokken
  - 2 el gehakte noten
  - 2 el kokossnippers
  - 1 el sesamzaad
  - 1 el zonnebloempitten
  - 1 el pompoenpitten

Deze ontbijtrepen zijn multifunctioneel. Je kunt ze eten als ontbijt, maar ook nemen als gezond tussendoortje. Je maakt ze met allerhande zaden, noten, fruit, dadels* en vijgen* waarbij je naar hartenlust combineert. Zorg dat je de zaden, noten en evt. havervlokken aan elkaar plakt met gepureerde dadels* of vijgen*. Deze kook je van tevoren even zodat ze zachter worden.

Meng de vruchten met 3 handen van het noten-pittenmengsel goed door elkaar totdat het een stevige massa is. Is het nog te nat, voeg dan wat havermout toe. Laat vervolgens een aantal uren opstijven in de koelkast.

Wortel-appelsalade met zonnebloempitten

Een van mijn cliënten zweert bij dit ontbijt waarop hij het echt een hele ochtend goed vol kan houden! Dit gerecht is overigens ook heel lekker als 'side salade' bij de lunch of diner.

Rasp de appel en de wortel en meng deze door elkaar. Rooster intussen in een droge koekenpan de pitten lichtbruin. Meng de noten door de salade en strooi de pitten er overheen. Maak op smaak met een scheutje balsamicoazijn, peper en zout.

JE HEBT NODIG

- ★ 1 appel, geraspt
- ★ 125 g worteljulienne
- ★ 3 el zonnebloempitten (geroosterd)
- ★ 3 el pompoenpitten (geroosterd)
- ★ 1 handje grof gehakte noten
- ★ scheutje balsamicoazijn

TIP ROOSTER 1X PER WEEK EEN FLINKE PORTIE ZONNEBLOEMPITTEN EN POMPOENPITTEN EN BEWAAR DEZE IN EEN GOED AFGESLOTEN POT. ZO MAAK JE SUPERSNEL JOUW ONTBIJT KLAAR!

Pittige koekjes

Week de pittenmix een nachtje in koud water. Giet de volgende ochtend het water af en knijp de pitten in een schone theedoek uit. Houd een klein beetje pittenmix achter voor de garnering. Kook de stukjes koolrabi in de groentebouillon tot ze zacht zijn. Pureer de rest van de pittenmix samen met de koolrabi, het roggemeel en de peterselie en breng het geheel op smaak met een snufje chilipoeder en zout. Mocht de mix nog te vochtig zijn, voeg dan nog een klein beetje meel toe. Verwarm intussen de oven voor op 150 °C (heteluchtoven 130 °C). Leg een vel bakpapier op de bakplaat. Vorm met een theelepel kleine bolletjes van het pittenmixmengsel en druk deze plat op het bakpapier. De koekjes met de apart gezette pitten bestrooien en in de hete oven in ca. 15 tot 20 minuten afbakken. Eet de koekjes als ontbijt samen met groente of neem ze als tussendoortje.

JE HEBT NODIG

- ★ 10 dessertlepels pittenmix (zonnebloem- en pompoenpitten gemengd)
- ★ 50 g koolrabi (schoongemaakt en in kleine stukjes)
- ★ 50 ml groentebouillon
- ★ 30 g roggemeel
- ★ 1 handje verse peterselie (gehakt)
- ★ chilipoeder

Brood

NEDERLAND IS EEN BROODLAND EN VEEL MENSEN BOUWEN HUN MAALTIJDEN NOG OP RONDOM DE BRUINE BOTERHAM. DE MEEST GESTELDE VRAAG ONDER SUGARCHALLENGE DEELNEMERS IS DAN OOK: 'WAT DOE IK OP MIJN BOTERHAM?'

Zeker als je gevoelig bent voor schommelingen in je bloedsuikerspiegel is brood een minder verstandige keuze. Het zorgt ervoor dat je bloedsuikerspiegel snel stijgt waardoor je binnen mum van tijd weer honger hebt. Tijdens de Sugarchallenge is brood om die reden dan ook niet toegestaan. Vanaf de suikerbewuste fase kun je ervoor kiezen om weer brood toe te voegen aan je maaltijden, maar ook dan is mijn advies om hierin terughoudend te zijn.
Gelukkig zijn er heel veel lekkere en snelle alternatieven voor brood die ervoor zorgen dat je al heel snel de bruine boterham bent vergeten!

Zuurdesembrood

Wij wonen sinds kort in Duitsland en mijn man noemt het brood hier 'betonbrood'. Hij heeft het dan over het heerlijke zuurdesembrood dat hier volop verkrijgbaar is (en waar ik heel blij mee ben!). Als echte Nederlander vindt hij het echter helemaal niets... het is te hard, te zuur en te droog. Een reactie die ik vaker hoor... Toch is zuurdesembrood een geweldige bloedsuikervriendelijke broodvervanger en als je er eenmaal aan gewend bent vind je het 'sponsbrood' waarschijnlijk steeds minder lekker.
Zuurdesembrood wordt bereid met zuurdesem in plaats van gist. Het voordeel van het gebruik van zuurdesem als rijsmiddel is, dat het veel minder invloed heeft op de bloedsuikerspiegel. Ook ondersteunt zuurdesem de werking van de darmen dankzij de aanwezige melkzuurbacteriën en kan het lichaam de voedingsstoffen uit het graan beter opnemen als er gebruik is gemaakt van zuurdesem.
Helaas zijn de meeste zuurdesembroden die in de supermarkt worden verkocht nog niet suikervrij. Mijn advies is dan ook om hiervoor naar een bakker of natuurwinkel te gaan waar je heerlijke suikervrije zuurdesembroden kunt bestellen! Uiteraard kun je het brood ook zelf maken. Wel is het belangrijk dat je dan redelijk precies bent, want zuurdesem heeft behoorlijk wat onderhoud nodig.

Roggebrood

Rogge is een graan dat veel vezels en mineralen zoals mangaan en magnesium bevat. Ook bevat rogge tryptofaan, een stof die nodig is voor de aanmaak van de stof 5-HTP, de grondstof van het feelgoodhormoon serotonine. Rogge helpt hierdoor om je bloedsuikerspiegel in balans te houden en ondersteunt door de vele vezels een gezonde stoelgang. Onderzoeken wijzen zelfs uit dat rogge kan bijdragen aan het geheel of gedeeltelijk genezen van insulineresistentie. Kies voor zuurdesembrood op basis van rogge of voor suikervrij roggebrood. Dit is goed verkrijgbaar bij natuurvoedingswinkels. Het meeste roggebrood uit de supermarkt bevat suiker of maltstropen en kun je daarom beter laten staan.

Maak je eigen zuurdesem

Je kunt bij het bakken van zuurdesembrood kiezen voor het gebruik van kant en klare desemkorrels, maar je kunt ook zelf een zuurdesem maken. Dit is uiteraard het lekkerste, maar hou er rekening mee dat het ongeveer 14 dagen duurt voordat je dan met jouw eigen zuurdesem kunt gaan bakken!

1 ★ MAAK EEN DESEMSTARTER

Als je zuurdesem zelf wilt maken heb je een starter nodig. Die maak je door **50 gram roggevolkorenmeel** te mengen met **50 ml lauwwarm water.** Dit roer je goed door en doe je vervolgens in een weckpot. Zet de weckpot op het aanrecht of ergens anders waar een temperatuur heerst van ongeveer 20 graden(kamertemperatuur).

2 ★ 'VOER' EN VERZORG JE STARTER GOED!

Het is de bedoeling dat je desemstarter gaat groeien tot een flinke hoeveelheid. Voer het daarom iedere dag **25 gram roggevolkorenmeel** en **25 ml lauwwarm water**. Goed doorroeren en weer afsluiten. Na ongeveer een week zul je merken dat de desem zuurder begint te ruiken, dat is goed! Hij zal misschien gaan borrelen en een friszure lucht hebben. Blijf meel en water toevoegen totdat je ruim voldoende hebt voor het bakken van je eerste zuurdesembrood. Als de desem zwart wordt dan zijn er teveel verkeerde bacteriën actief en kun je hem beter weggooien. Als er niets gebeurt, dan voeg je waarschijnlijk te veel vocht toe. Probeer in dat geval of je de balans kunt herstellen. Mocht het echt niet lukken, begin dan gewoon opnieuw.

3 ★ JE DESEM IS KLAAR VOOR GEBRUIK

Zorg ervoor dat je **maximaal de helft van het zuurdesem** gebruikt. De andere helft kun je dan weer voeden met meel en water en eigenlijk eindeloos blijven gebruiken. Mocht je het desemdeeg een tijdje niet gebruiken, zet het dan weg in de koelkast. Hier kun je het ongeveer 14 dagen goed bewaren. Mocht je daarna weer met het desemdeeg aan de slag willen, dan wek je het heel eenvoudig tot leven door het uit de koelkast te halen en weer te gaan voeren.

Bak je eigen roggezuurdesembrood

JE HEBT NODIG VOOR 1 BROOD

★ 300 g roggevolkorenmeel
★ 300 g roggezuurdesem
★ 10 g gist
★ 5 g zout
★ 150 ml warm water

Dit recept is een heerlijk alternatief als je graag zelf brood bakt. Het is even wat werk, maar dan heb je een heerlijk vers en ongecompliceerd brood waarvan je weet wat erin zit.

De ingrediënten mengen en goed kneden. 30 minuten laten rijzen. Nog een keer kneden, in een bakvorm doen en 60 minuten laten rijzen. Oven voorverwarmen op 220 °C (heteluchtoven 200 °C). Bak het brood in ongeveer 60 minuten gaar. Het is goed gaar wanneer je er een satéprikker insteekt en deze er droog uitkomt (of als je op de onderkant klopt en het hol klinkt).

TIP BAK ER MEERDERE TEGELIJK EN VRIES ER EEN AANTAL IN!

VOEG EXTRA KRUIDEN TOE AAN HET BROOD EN JE MAAKT IN EEN HANDOMDRAAI DE HEERLIJKSTE VARIANTEN

★ **ITALIAANS BROOD** bak een gesneden uitje, een teentje knoflook, een aantal gesneden olijven en gedroogde tomaatjes in een beetje olie samen met een flinke hand met Italiaanse kruiden (oregano, basilicum). Voeg dit mengsel toe aan het brooddeeg voordat je het brood in de oven stopt.

★ **PROVENCAALS KNOFLOOKBROOD** bak een gesneden uitje, 4 tenen knoflook, een aantal gesneden olijven en een flinke hand vol provencaalse kruiden (tijm en rosemarijn) en voeg dit toe aan het brooddeeg voordat je het brood in de oven stopt.

Uiteraard kun je ook kiezen voor een makkelijker alternatief door zuurdesembrood te kopen bij de bakker of door het eten van roggevolkorencrackers.

Roggevolkorencrackers

IK BEN EEN GROOT FAN VAN DE ROGGEVOLKORENCRACKERS VAN HET MERK FJORD. DEZE ZIJN TE KOOP IN EEN BLAUWE VERPAKKING IN DE MEESTE SUPERMARKTEN. NAAST DE ZEER AANTREKKELIJKE PRIJS IS HET GROTE VOORDEEL DAT JE ZE KUNT GEBRUIKEN ALS BROODVERVANGER, MAAR OOK KUNT VERWERKEN ALS (PANEER)MEEL IN GERECHTEN. ER IS GEEN SUIKER AAN TOEGEVOEGD EN ZE ZIJN HEERLIJK VAN SMAAK. IK GEBRUIK ZE MET EEN BEETJE ROOMBOTER EN ZOUT NAAST DE MAALTIJD EN ALS IK UIT ETEN GA NEEM IK VAAK EEN PAAR CRACKERS MEE TER VERVANGING VAN HET BROOD DAT BIJ VEEL GERECHTEN WORDT GESERVEERD. MOCHT JE ZE MEE WILLEN NEMEN ALS LUNCH, BELEG ZE DAN VLAK VOORDAT JE GAAT ETEN OM TE VOORKOMEN DAT ZE ZACHT EN SLAP WORDEN.

Super suikervrije ontbijtsandwiches!

ZO KUN JE JOUW 'NIEUWE' BROOD LEKKER BELEGGEN:

Geroosterde desemsandwich met kruidenkaas, komkommer en gerookte zalm

Maak de kruidenkaas door de geitenroomkaas en de kruiden te mengen. Voeg peper en zout toe naar smaak. Rooster de zuurdesemboterhammen kort in een broodrooster en bestrijk deze met de kruidenkaas. Leg de zalm erover en garneer met de bosuitjes. Leg de plakjes komkommer erbij op het bord.

JE HEBT NODIG

- ★ 1 flinke el geitenroomkaas
- ★ 1 hand fijngesneden verse tuinkruiden (peterselie, basilicum, bieslook)
- ★ 1-2 zuurdesemboterhammen, geroosterd
- ★ 100 g gerookte zalm (zonder suiker)
- ★ 1 bosuitje in ringetjes
- ★ een paar plakjes komkommer

Roggebrood met zachte geitenkaas, noten en fruit

JE HEBT NODIG

- ★1-2 roggeboterhammen
- ★100 g zachte geitenkaas
- ★1 portie fruit naar keuze, bijvoorbeeld blauwe bessen
- ★1 el noten, grofgehakt
- ★optioneel: een mespuntje honing*

Deze alternatieve boterham is supermakkelijk en heel erg lekker. Vooral als je zin hebt in zoet...

Beleg de roggeboterhammen met de geitenkaas en verdeel het fruit erover. Kruimel de noten erover en smullen maar! Eventueel kun je vanaf de suikerbewuste fase nog een mespuntje honing erover smeren voor een extra 'touch'.

TIP NEEM IN PLAATS VAN VERS FRUIT EENS ROZIJNTJES* OF KLEINE STUKJES GEDROOGDE ABRIKOZEN.

Zuurdesemboterham met lauwwarme eiersalade

JE HEBT NODIG

- ★per persoon 2 gekookte eieren
- ★1 teentje knoflook, uitgeperst
- ★een handje preiringetjes, fijngesneden
- ★1 -2 el verse mayonaise of volle yoghurt
- ★1 el gehakte bieslook
- ★1 el gehakte peterselie
- ★klein beetje mosterd
- ★1 handje rucola
- ★1-2 zuurdesemboterhammen

Snijd de eieren in grove stukken, meng met de knoflook, preiringetjes, mayonaise/yoghurt en kruiden. Breng op smaak met peper, zout en mosterd. Beleg de boterhammen met de eiersalade en verdeel daarover de rucola.

TIP
IN PLAATS VAN MAYONAISE KUN JE OOK EEN GEPRAKTE AVOCADO OF AVOCADOMOUSSE NEMEN.

Crackertje met pesto, tomaat en kaas

Maak pesto volgens het recept en smeer dit rijkelijk op de crackers. Beleg vervolgens met de rucola, geitenkaas en plakjes tomaat.

TIP JE KUNT DEZE VARIATIE OOK WARM ETEN. LEG 'M IN DAT GEVAL EVEN ONDER DE GRILL TOTDAT DE KAAS IS GESMOLTEN EN VOEG DE RUCOLA PAS ACHTERAF TOE.

JE HEBT NODIG

- ★ 1 el verse pesto (zie recept op pagina 133)
- ★ 1-2 roggevolkorencrackers
- ★ handje rucola
- ★ 2 plakjes geitenkaas, gesneden
- ★ 1 tomaat, in plakjes

Crackertje met avocado, rucola en rosbief

Gebraden rosbief is een van de weinige vleeswaren die je in de winkel nog kunt kopen zonder al te veel toevoegingen. Af en toe trakteer ik mezelf hier dan ook op.

Beleg de crackers met de halve avocado. Leg hierover de rucola en verdeel de rosbief. Smeer op beide crackers een beetje mosterd. Eventueel kun je het nog extra kruiden met peper en zout, maar meestal is dat niet nodig.

JE HEBT NODIG

- ★ 1-2 roggevolkorencrackers
- ★ ½ avocado, geprakt
- ★ handje rucola
- ★ 100 g rosbief
- ★ beetje mosterd (pittig) of mayonaise

TIP
NEEM IN PLAATS VAN RUCOLA EENS ALFALFA OF WATERKERS!

Suikervrije lunches

Rode-kidneybonenspread

Kidneybonen zijn een rijke bron van eiwitten en heel gemakkelijk te gebruiken als basis in allerlei gerechten, waaronder deze heerlijke spread!

Laat het blikje rode kidneybonen uitlekken, pureer dit in de keukenmachine, samen met de ui, knoflook en de notenpasta. Goed pureren zodat het luchtig wordt. Breng het geheel op smaak met peper en zout en voeg citroensap toe voor de frisheid.

JE HEBT NODIG

- ★ 1 blikje rode kidneybonen (je kunt ook 1 mok gedroogde kidneybonen gebruiken; deze dien je wel 1 nacht in ruim water te weken)
- ★ een klein uitje, fijngesneden
- ★ 1 teentje knoflook
- ★ 1 el notenpasta
- ★ citroensap

TIP EVENTUEEL KUN JE NOG EEN RODE BIET TOEVOEGEN AAN HET GEHEEL VOOR EEN MOOIE RODE KLEUR EN EEN IETS ZOETERE SMAAK.

Gegrilde groente

Heel veel groenten kun je prima grillen en op brood eten.

Snijd met de kaasschaaf plakken van de groente. Hierbij geldt de regel dat je de harde groenten (zoals wortel, koolrabi, knolselderij) even moet blancheren (ongeveer 1-2 min. in kokend water dompelen zodat ze wat zachter worden). Laat de groente na het blancheren even uitlekken en bak deze in een grillpan of koekenpan zonder olie. Laat de plakken afkoelen en druppel er een beetje citroensap op. Vervolgens kun je er naar smaak je zuurdesemboterham of cracker mee beleggen!

JE HEBT NODIG

- ★ diverse soorten groente zoals aubergine, courgette, paprika of winterwortel
- ★ paar druppels citroensap

Kruidenboter

JE HEBT NODIG

- ★ 200 g zachte roomboter (zorg dat de boter goed op kamertemperatuur is; het beste te mengen vind ik persoonlijk grasboter)
- ★ 2-3 knoflookteentjes, geperst
- ★ 1 flinke bos verse peterselie, fijngesneden
- ★ 3 el bieslook
- ★ 3 druppels tabasco
- ★ een klein beetje citroensap

Veeeeeel lekkerder dan die uit een potje!

Meng alle ingrediënten door elkaar tot een mooie botermassa. Eventueel kun je een klein snufje kokosbloesemsuiker toevoegen om de smaak te versterken. Voeg peper en zout toe naar smaak en laat het geheel een aantal uren staan zodat de smaken goed mengen. Heerlijk met geroosterd zuurdesembrood en een kop soep of salade.

TIP
VOOR EEN LUCHTIGE VARIANT KLOP JE DE ROOMBOTER EERST 5 MIN. MET DE MIXER TOTDAT HIJ LICHTER VAN KLEUR IS. MENG DAN DE INGREDIËNTEN ERDOOR.

Kruidendip met geitenkaas

JE HEBT NODIG

- ★ diverse soorten verse kruiden zoals bieslook, peterselie, selderij, rozemarijn, tijm, oregano, basilicum
- ★ 1 teentje knoflook, geperst
- ★ olijfolie of geitenmelk
- ★ 100 g verse geitenkaas

Deze kruidendip kun je gebruiken om stukjes groente in te dopen, maar ook als spread voor op brood of in een salade.

Snijd de kruiden klein en meng alles door elkaar met een scheutje olie. Eventueel kun je een klein scheutje geitenmelk toevoegen om het geheel iets smeuïger te maken. Voeg de geitenkaas toe en breng het geheel op smaak met peper en zout.

Gerties heksenkaas

MIJN LIEVE COLLEGA-FOODCOACH EN VRIENDIN GERTIE TULLER VAN JOUW LEEFSTIJL IS EEN WAAR KOOKWONDER. ZE ZIET IETS IN DE SUPERMARKT EN VERVOLGENS SLAAT ZE AAN HET EXPERIMENTEREN, MET VAAK HEERLIJKE RESULTATEN. ZO OOK DEZE HEKSENKAAS.

Gertie: *'Bij mij thuis zijn ze dol op heksenkaas. Helaas heeft de variant die in de winkel ligt weinig met kaas te maken. Om de hoofdbestanddelen water en olie te binden tot een smeerbare massa, worden er namelijk veel hulpstoffen aan toegevoegd. Bij een kaasboer op de markt (die vrolijk de emmers waar hij het uit schepte aan de marktkraam had bungelen) telde ik ooit eens 23 E-nummers. Meer chemie dan voedsel dus! Sinds die tijd maak ik het dus zelf: dat is niet alleen gezonder, maar ook goedkoper en bovenal veel lekkerder!'*

Alles goed mengen en klaar! Eventueel kun je 'm extra zoeten door een paar druppels stevia toe te voegen. Zelf vind ik het lekker dat ie nog een bite heeft, maar wil je geen stukjes, zet dan even de staafmixer in de ingrediënten voor je de roomkaas en mayonaise/olie erdoor mengt.

JE HEBT NODIG

- ★ 1 pakje roomkaas
- ★ 2 handen keukenkruiden, fijngesneden
- ★ 1 lente-uitje, gesnipperd
- ★ 1 sjalotje, gesnipperd (rood uitje kan ook, samen ongeveer 1/5 van het gewicht van de roomkaas)
- ★ paar teentjes gepofte knoflook (maakt het geheel wat zoeter en nootachtiger dan bij gebruik van verse knoflook)
- ★ paar takjes verse peterselie, fijngehakt
- ★ klein beetje scherpe mosterd
- ★ peper en zout uit de molen
- ★ 1-2 el zelfgemaakte mayonaise of olie (om 'm iets smeuïger te maken)

Diana's sperziebonensalade

JE HEBT NODIG

- ★ 100 g sperziebonen, gekookt en afgekoeld
- ★ 4 kleine tomaatjes, gehalveerd
- ★ 50 g uitgebakken spekblokjes
- ★ ¼ komkommer, in plakjes
- ★ paar zwarte olijven
- ★ olijfolie
- ★ rodewijnazijn

Mijn vriendin Diana is een echte 'carrièretijger'. Ze is dan ook eigenlijk te druk om hele dagen in de keuken te staan. Maar ze houdt wel van lekker en vers eten. Deze koude sperziebonensalade is haar supersnelle, gezonde werklunchtip.

Meng alle ingrediënten door elkaar en breng op smaak met peper, zout, verse kruiden en een beetje olijfolie en wijnazijn.

Salade met rucola, geitenkaas en noten

JE HEBT NODIG

- ★ 100 g verse geitenkaas, in brokken
- ★ 3 handen rucola
- ★ ⅓ komkommer, in plakjes
- ★ 1 rode ui, gesnipperd
- ★ een handvol blauwe bessen of ander fruit
- ★ een handje walnoten

Meng alles door elkaar en voeg peper en zout toe. Strooi de walnoten over de salade. Lekker met frambozendressing of mosterddressing (zie pagina 111).

TIP KIES VOOR EEN PLAK GEITENKAAS EN LAAT DEZE EVEN SMELTEN ONDER DE GRILL. LEG VERVOLGENS DE GESMOLTEN KAAS OVER DE SALADE EN GIET DAARNA DE DRESSING EROVER.

Kip-kerriesalade met ananas

Voeg aan de geroerbakte kip kerriepoeder en kleine stukjes verse ananas toe. Snijd 1 avocado in blokjes en meng dit erdoorheen. Breng op smaak met een klein scheutje appelazijn, peper en zout. Presenteer op een bedje van spinazie. Lekker met de sesamdressing (zie pagina 111).

JE HEBT NODIG

- ★ 100 g geroerbakte kip, in stukjes
- ★ kerriepoeder naar smaak
- ★ 2-3 el kleine blokjes verse ananas (ook heel lekker met mango)
- ★ 1 avocado
- ★ klein scheutje appelazijn
- ★ handje rauwe spinazie

Rodebietensalade met rivierkreeft en quinoa

Kook de quinoa in ongeveer 10 min. gaar in een pan met ruim kokend water. Verwarm olie in een pan en fruit daarin de ui en de knoflook. Voeg de rivierkreeftjes toe en laat even doorbakken. Snijd intussen de rode bieten in blokjes en doe deze in een schaal. Voeg de kappertjes, bosui, augurk, olijven en peterselie toe. Meng de mayonaise erdoor. Voeg als laatste de rivierkreeft toe aan het mengsel. Eet samen met de quinoa.

TIP
IN PLAATS VAN RIVIERKREEFT KUN JE OOK KIEZEN VOOR BLOKJES FETAKAAS, ZALMSNIPPERS OF GARNALEN.

JE HEBT NODIG

- ★ 2 el quinoa
- ★ 1 uitje, gesnipperd
- ★ 1 teentje knoflook, gepeld en fijngesneden
- ★ 100 g rivierkreeft
- ★ 1 verpakking gekookte rode bietjes
- ★ 1 el kappertjes
- ★ 1 bosuitje, in ringen
- ★ 5 augurken (zuur), fijngesneden
- ★ 10 zwarte olijven, in plakjes
- ★ 2 flinke handen peterselie, gehakt
- ★ 2 el mayonaise

Italiaanse kipsalade met pesto

JE HEBT NODIG

- ★ 1-2 kipfilets, in bouillon gekookt
- ★ 1 basilicumplantje
- ★ olijfolie
- ★ 1 teentje knoflook, gepeld en in kleine stukjes gesneden
- ★ 1 el pijnboompitten
- ★ 2 stengels bleekselderij, in kleine stukjes
- ★ 1 zakje rucola
- ★ zwarte olijven

Maak in de keukenmachine een pesto van de basilicum, een flinke scheut olijfolie, het teentje knoflook en de pijnboompitten.
Trek ondertussen de gekookte kipfilet uit elkaar met twee vorken. Meng de kip met de pesto en de bleekselderij. Breng op smaak met peper en zout. Meng dit vervolgens door de rucolasalade en garneer met enkele zwarte olijven. Lekker met groenekruidendressing of knoflookdressing (zie pagina 111).

Zalmcarpaccio

JE HEBT NODIG

- ★ gemengde groene slasoorten zoals rucola, veldsla of verse spinazie
- ★ 1 bosuitje, in ringetjes gesneden
- ★ 1 el venkelblokjes
- ★ zwarte olijven
- ★ 100 g gerookte zalmfilet
- ★ 1 kleine ui, in ringen
- ★ kappertjes
- ★ verse dille

Maak op een bord een frisse gemengde groene salade met rucola, veldsla en verse spinazie, gesneden bosui, stukjes venkel en zwarte olijven. Leg hieroverheen de plakken gerookte zalm als een soort carpaccio. Garneer met uienringen, kappertjes en verse dille.
Breng op smaak met peper, zout en een scheutje olijfolie. Lekker met groenekruidendressing of mosterddressing (zie pagina 111).

EEN GOEDE DRESSING BRENGT DE INGREDIËNTEN IN EEN SALADE BIJ ELKAAR. HELAAS BEVATTEN DE MEESTE KANT-EN-KLARE SALADEDRESSINGS VEEL SUIKER EN ANDERE CHEMISCHE TOEVOEGINGEN WAARDOOR ZE EIGENLIJK DE SALADE RUÏNEREN. BOVENDIEN SMAKEN ZE DAARDOOR ALLEMAAL HETZELFDE. GELUKKIG IS HET HEEL EENVOUDIG OM ZELF EEN DRESSING TE MAKEN VOOR JE SALADE.

Basisrecept voor dressing

JE HEBT NODIG

- ★ 12 el olijfolie
- ★ 12 el zonnebloemolie
- ★ 6 el balsamicoazijn
- ★ een beetje limoensap
- ★ peper en zout naar smaak

Meng al deze ingrediënten door elkaar en bewaar je basisdressing in een afgesloten jampotje maximaal twee weken in de koelkast.

AAN DE BASISDRESSING KUN JE VERVOLGENS VAN ALLES TOEVOEGEN

★ **GROENEKRUIDENDRESSING:**
met verschillende soorten fijngesneden groene kruiden en knoflook.

★ **ZOETE MOSTERDDRESSING:**
met 1 eetlepel mosterd en wat sinaasappelsap.

★ **FRAMBOZENDRESSING:**
pureer 1 hand verse frambozen en meng dit door de basisdressing.

★ **OOSTERSE SESAMDRESSING:**
met 1 eetlepel sesamolie en 1 eetlepel tahin.

★ **KNOFLOOKDRESSING:**
pof 3 knoflookteentjes 10 min. met schil in de pan, knijp uit en voeg toe aan de basisdressing.

Groentebouillon

JE HEBT NODIG

- ★ 1 ui, in vieren (met schil voor de kleur)
- ★ 1 prei, grof gesneden
- ★ 1 wortel, in grove stukken
- ★ 1 laurierblaadje
- ★ 2-3 stengels bleekselderij, in grove stukken
- ★ 2 tenen knoflook
- ★ verse groene kruiden naar smaak

De basis van een lekkere soep is een goede, krachtige bouillon. Helaas bevatten de meeste bouillonblokjes vervelende toevoegingen waardoor ik ze niet aanraad. Met veel vallen en opstaan is het mij inmiddels gelukt om ze te verbannen uit mijn keuken. Tegenwoordig maak ik zelf groentebouillon!

Doe alle ingrediënten in een pan met ruim water. Breng aan de kook en laat 1 à 1,5 uur rustig op een laag pitje doortrekken. Zeef vervolgens de bouillon.

TIP MAAK EEN GROTE HOEVEELHEID EN VRIES EEN DEEL VAN DE GEMAAKTE BOUILLON IN.

Courgettesoep met fetakaas

JE HEBT NODIG

- ★ 2 teentjes knoflook, in plakjes
- ★ 1 grote ui, in stukken
- ★ 2-3 courgettes, in plakjes
- ★ 1,5 liter groentebouillon
- ★ 4 druppels tabasco
- ★ klein scheutje tamari
- ★ bosje verse koriander
- ★ 1 plak schapenfeta, in blokjes

Fruit in de soeppan de teentjes knoflook en de ui in een beetje olie, laat dit 5 min. rustig pruttelen en voeg vervolgens de courgette toe. Laat even aanbakken en voeg de bouillon erbij. Breng aan de kook en laat het geheel vervolgens een halfuurtje zacht doorkoken totdat de courgette zacht is. Pureer met de staafmixer. Voeg vervolgens de tabasco en tamari toe en breng op smaak met peper en zout. Roer als laatste de verse koriander erdoor en laat nog heel even meetrekken. Dien de soep op en kruimel er blokjes fetakaas overheen.

TIP JE KUNT OOK EEN STRONK BROCCOLI TOEVOEGEN OF NA HET PUREREN GESNEDEN BOSUI DOOR DE SOEP ROEREN.

Goulashsoep met pastinaak

Bak het vlees aan in de pan samen met de ui. Voeg vervolgens de paprika, knoflook, pastinaak, paprikapoeder en het blikje tomatenpuree erbij. Roer dit even door. Voeg 1 liter bouillon en de laurierblaadjes toe en laat 2 uur sudderen.

JE HEBT NODIG

- ★ 300 g runderpoulet
- ★ 1 grote ui, gesnipperd
- ★ 3 rode paprika's, in repen
- ★ 2 tenen knoflook, fijngesneden
- ★ 1 pastinaak, in blokjes
- ★ 1 el paprikapoeder
- ★ 1 blikje tomatenpuree
- ★ 1 liter bouillon
- ★ 2 laurierblaadjes

Mexicaanse bonensoep

Bak de ui, knoflook, paprika en prei samen met de peper in een beetje olijfolie aan in de soeppan. Voeg vervolgens de komijnpoeder, paprikapoeder en tomatenpuree toe en laat nog even doorsudderen. Doe vervolgens de bouillon, de gepelde tomaten en de bonen erbij. Laat op een zacht vuur nog ongeveer 20 min. doorpruttelen. Lekker met een flinke eetlepel Griekse yoghurt.

JE HEBT NODIG

- ★ 1 grote ui, gesnipperd
- ★ 3 tenen knoflook, grofgehakt
- ★ 1 rode en 1 groene paprika, in kleine blokjes
- ★ 1 prei, in ringen
- ★ ½ tl chilipoeder (of een vers rood pepertje in kleine stukjes)
- ★ ½ tl komijnpoeder
- ★ ½ tl paprikapoeder
- ★ 1 groot blikje tomatenpuree
- ★ 1 liter bouillon
- ★ 1 blik gepelde tomaten
- ★ 1 blikje rode bonen
- ★ 1 blikje witte bonen

Erwtensoep

JE HEBT NODIG

- 2,5 liter groentebouillon
- 1 pak spliterwten
- 2 schouderkarbonades
- stuk mager rookspek (let op dat er geen suiker in zit)
- 2 preien, in reepjes
- 4 grote winterwortelen, in blokjes
- ½ struik bleekselderij, fijngesneden
- 1 of 2 uien, grof gesneden

Veel mensen denken nog steeds dat erwtensoep heel moeilijk en een ontzettend gedoe is om te maken. Niets is minder waar. Je hebt er alleen wat tijd en aandacht voor nodig, dus het is een klusje om te doen als je een paar uur thuis bent (alleen maar zodat je af en toe door de soep kunt roeren, verder niet...).

Zet de groentebouillon op en doe daar het pak spliterwten in samen met de schouderkarbonades en het rookspek. Breng het geheel aan de kook (hier even opletten dat de boel niet overkookt). Schep het schuim van de soep af (dit zorgt voor minder winderigheid!).
Laat alles ongeveer 10 min. goed doorkoken (als je dit niet lang genoeg doet, heb je kans dat de spliterwten niet oplossen) en zet vervolgens het vuur laag. Laat het geheel dan ongeveer 45 min. op een zacht vuurtje pruttelen. Roer af en toe door. Snijd ondertussen alle groente in stukjes.
Haal na 45 min. de schouderkarbonade en uit de pan en verwijder het bot. Haal ook het rookspek uit de pan. Snijd het vlees in stukjes. Voeg de gesneden groente toe en laat nogmaals 45 min. zachtjes doorkoken. Roer af en toe even door. Breng de soep op smaak met peper en zout en smullen maar!

Gegrilde-paprikasoep

JE HEBT NODIG

- 5 rode paprika's, in grove stukken
- 1 flinke ui, in stukken
- 1 el paprikapoeder
- 1 groot blikje tomatenpuree
- 1 liter groentebouillon
- verse koriander of peterselie

Snijd de ui en paprika in grove stukken en bak ze even aan in wat olijfolie. Voeg de paprikapoeder en tomatenpuree toe en laat nog even doorbakken. Schenk de bouillon erbij en laat 20 min. doorkoken.
Mix vervolgens met de staafmixer. Voeg verse gehakte koriander of peterselie erdoor.

Bloemkool-mosterdsoep met pittig gehakt

Als bij ons thuis bloemkool op het menu stond dan liep ik meestal een blokje om. Ik vind bloemkool namelijk vies! Op visite bij een vriendin was ik dan ook aangenaam verrast door deze bloemkoolsoep. Die vind ik namelijk wél lekker! Sindsdien staat er bij ons thuis regelmatig bloemkool op het menu.

Fruit in de soeppan de ui en knoflook aan in een beetje olijfolie. Voeg de bloemkool toe en laat even meebakken. Voeg vervolgens het water toe. Laat het geheel op een laag vuur ongeveer een halfuurtje koken totdat de bloemkool zacht is. Bak intussen in een koekenpan het gehakt rul met de ras el hanout-kruiden. Hierdoor krijgt het een shoarma-achtige smaak die super combineert met de bloemkool. Als de bloemkool gaar genoeg is, maak dan met de staafmixer alles fijn. Voeg de mosterd en het gehakt toe en laat nog even meekoken. Eventueel kun je nog extra smaak toevoegen met peper en zout.

JE HEBT NODIG

- ★ 1 uitje, gesnipperd
- ★ 1 teentje knoflook, fijngesneden
- ★ 1 kleine bloemkool, in blokjes gesneden
- ★ 2 liter water
- ★ 300 g rundergehakt
- ★ ras el hanout-kruiden
- ★ 2 el mosterd (pittig)

Lydia's venkelsoep

Fruit in een koekenpan in een beetje olie de kurkuma samen met een beetje peper, het uitje en de knoflook. Voeg de venkelstukjes toe en laat nog even meebakken. Voeg vervolgens de bouillon toe. Bind de soep met het amandelmeel (je kunt hiervoor ook johannesbroodpitmeel gebruiken). Maak de soep fijn met de staafmixer en voeg de peterselie toe. Gebruik voor de garnering van de soep in iedere kom een klein beetje venkelgroen.

JE HEBT NODIG

- ★ 1 tl kurkuma
- ★ klein bosje lente-ui, fijngesneden
- ★ 1 teentje knoflook, in plakjes
- ★ 1 grote venkelknol, in stukjes (bewaar het groen)
- ★ 1,5 liter groentebouillon
- ★ 2 el amandelmeel
- ★ 1 flinke hand peterselie, fijngesneden

Diner

MIJN CLIËNT BEA IS EEN ECHTE BOURGONDIËR EN EEN WARE KEUKENPRINSES. ZE KWAM RUIM EEN JAAR GELEDEN BIJ MIJ NAAR AANLEIDING VAN EEN KOOKWORKSHOP DIE ZE BIJ MIJ HAD GEVOLGD. TOEN ZE MERKTE DAT DE GERECHTEN DIE WE DAAR HEBBEN BEREID ERVOOR ZORGDEN DAT HAAR HONGERGEVOEL GEDURENDE LANGERE TIJD VERDWEEN WIST ZE DAT DEZE MANIER VAN KOKEN EN ETEN VOOR HAAR DE JUISTE WAS. HET ROER MOEST OM EN DAT IS GELUKT. INMIDDELS MAAKT ZE HEERLIJKE BLOEDSUIKERVRIENDELIJKE RECEPTEN. HAAR FAVORIET IS DEZE HUTSPOT, GEMAAKT MET POMPOEN.

Bea's pompoenhutspot

***Bea:** 'Ik ben nu een jaar "anders" aan het eten. Ik noem het geen dieet, maar mijn nieuwe leefstijl. Even snel wat kopen op een station is er niet meer bij (of het wordt een zak worteltjes), en ik merk dat mijn collega's soms met argusogen naar mijn enorm goed gevulde lunchbox kijken en om het recept gaan vragen. Mijn nieuwe leefstijl heeft me veel gebracht: ik heb weer een gezonde bloedsuikerspiegel waardoor ik geen diabetes 2 heb gekregen (ik zat in de gevarenzone) en dus geen medicatie daarvoor hoef! Ook voel ik me weer veel fitter, wordt mijn conditie beter en kies ik eigenlijk automatisch voor veel gezonder eten. Ik krijg (weer) complimenten dat ik er zo goed uitzie en straal ook uit dat ik mij weer fit en gezond voel. Natuurlijk eet ik nog wel eens gebak, maar dan kies ik daar bewust voor, geniet ervan en probeer daar al wat rekening mee te houden tijdens de dag. Ik kan me inmiddels niet meer voorstellen dat ik weer terug ga vallen in mijn oude eetpatroon!'*

Rooster de zoete aardappel, knoflook en pompoen in ongeveer 30 min. in de oven op 175 °C. De knoflook is dan zacht en kun je uit z'n velletje scheppen en apart houden om er later bij te doen. Let er wel op dat je het topje van de knoflookbol afhaalt, anders kan de knoflook ontploffen in de oven.

Snijd de winterwortel in blokjes en kook deze in 20 min. gaar. Maak intussen ook het vlees klaar. Vang het afgietwater op en doe dan de geroosterde zoete aardappel en pompoen erbij. Stamp alles grof door elkaar en doe de andere ingrediënten erbij. Proef of je het pittig genoeg vindt. Doe er nog wat extra citroensap of munt bij. De groenten zelf zijn al zoet van smaak.

Vlees kun je er naar keuze bij doen. Lamsvlees is erg lekker. Bak het vlees lekker knapperig, dat smaakt goed bij de zachte hutspot.

SNELLE VARIANT

Snijd wortel, zoete aardappel en pompoen (afgeschrobd, niet geschild) in stukken, kook in 250 ml water met een bouillonblokje tot het gaar is (ongeveer 20-25 min.). Niet afgieten maar grof stampen en op smaak brengen met (verse) munt en wat peper en zout.

JE HEBT NODIG

- ★ 700 g zoete aardappel (bataat), geroosterd
- ★ 3 kleine bolletjes knoflook, geroosterd
- ★ 700 g pompoen, geroosterd
- ★ 700 g winterwortel
- ★ rasp van ½ biologische citroen
- ★ sap van ½ citroen
- ★ 2 el gehakte munt
- ★ 2 cm verse geschilde gember, in heel kleine stukjes gesneden
- ★ ½ rood pepertje
- ★ naar keuze: lamsvlees

Stamppot van knolselderij met prei, appel en gebakken kipfilet

JE HEBT NODIG

- ★ 1 knolselderij, in blokjes
- ★ 100 g kipfilet per persoon
- ★ klontje roomboter
- ★ 2 preien, in ringen
- ★ 2 appels, geraspt
- ★ 1 hand verse peterselie, fijngesneden

Schil de knolselderij en snijd deze in blokjes. Kook de blokjes in ongeveer 20 min. gaar in water met een beetje zout. Snijd ondertussen de kipfilet in stukken en bak deze in een beetje olie bruin. Zodra de knolselderij gaar is, laat je deze goed uitlekken in een zeef. Voeg de roomboter toe en stamp het geheel tot een puree. Snijd de prei in fijne ringetjes en fruit even aan in de pan. Meng de prei door de knolselderijpuree. Rasp de appel en meng dit erdoor samen met de kipstukjes. Breng het geheel op smaak met zout, peper en verse peterselie.

Stamppot met kikkererwten, broccoli en noten

JE HEBT NODIG

- ★ naar keuze 2 blikken kikkererwten of 3 mokken gedroogde kikkererwten (denk er bij gedroogde kikkererwten aan dat je deze een dag van tevoren in de week zet)
- ★ 2 tenen knoflook, in de schil
- ★ 1 stronk broccoli, in kleine roosjes
- ★ 1 hand cashewnoten

Kook de kikkererwten gaar in ruim water en voeg tijdens het koken 2 tenen knoflook toe in de schil. (Voor de gedroogde erwten geldt 1 uur kooktijd; de erwten uit blik hoef je alleen maar warm te maken.) Blancheer de broccoliroosjes kort in kokend water en rooster de cashewnoten in de koekenpan. Hak de noten grof. Giet de kikkererwten af en bewaar de knoflook. Stamp de kikkererwten en spatel de broccoliroosjes plus de noten erdoorheen. Knijp de knoflook uit het vel en roer deze door de stamppot. Op smaak maken met peper, zout en eventueel kruiden.

Marokkaanse stoofschotel met lamsvlees, pruimen en amandelen

Bak het vlees aan met de ui en knoflook, peper en zout. Voeg vervolgens de wortel en bleekselderij toe en laat goed doorbakken. Voeg de overige ingrediënten toe en vul aan met een scheut water en het weekvocht van de pruimen zodanig dat het vlees net onder water staat. Laat 2 uur op zacht vuur sudderen. Roer af en toe om. Voeg indien nodig nog wat vocht toe. Lekker met een flinke snee roggebrood!

JE HEBT NODIG

- ★ 800 g lamsvlees, in grote dobbelstenen gesneden
- ★ 1 ui, gesnipperd
- ★ 2 tenen knoflook, in plakjes
- ★ 1 winterwortel, in stukjes
- ★ 4 stengels bleekselderij, in grove stukken
- ★ 1 tl verse gehakte gember
- ★ 1 bos peterselie, fijngesneden
- ★ 300 g gedroogde pruimen (deze even wellen in lauwwarm water)
- ★ 1 tl kaneel
- ★ 100 g witte amandelen

Hartige taart

HARTIGE TAART IS EEN PERFECTE MANIER OM RESTJES GROENTEN WEG TE WERKEN. BOVENDIEN IS EEN HARTIGE TAART KOUD OOK HEERLIJK TE ETEN ALS LUNCH IN COMBINATIE MET EEN SALADE.

Basisrecept voor hartige taart

JE HEBT NODIG

- ★ 100 g quinoameel
- ★ 100 g kikkererwtenmeel
- ★ flinke scheut olijfolie
- ★ 1 hand fijngesneden verse keukenkruiden naar keuze
- ★ snufje zout
- ★ 1 ei
- ★ water
- ★ 1 of 2 el havermout

Meng de ingrediënten behalve de havermout samen in een kom en voeg als laatste steeds een beetje water toe totdat je een mooi en stevig deeg hebt.

Vet een ronde bakvorm van 24 cm in en bekleed deze met het deeg. Het deeg is waarschijnlijk een beetje plakkerig; strijk het daarom met de vochtige achterkant van een lepel uit in het bakblik (lepel steeds even nat maken onder de kraan). Leg op de bodem van het deeg één of twee lepels havermout. Leg vervolgens de vulling in de bakvorm en giet de saus erover. Zet het geheel ongeveer 30 min. in een voorverwarmde oven op 180 °C.

Saus voor de hartige taart

VOOR EEN GOEDE QUICHESAUS MENG JE 3 EIEREN, EEN HALF BEKERTJE CRÈME FRAÎCHE, PEPER EN ZOUT NAAR SMAAK. DIT GIET JE ALTIJD ALS LAATSTE OVER DE VULLING HEEN.

MET DE VULLING VAN DE HARTIGE TAART KUN JE EINDELOOS VARIËREN. EEN PAAR TIPS TER INSPIRATIE

★ **HARTIGE TAART MET GEROOSTERDE PAPRIKA** neem 4 paprika's en leg deze in hun geheel ongeveer 45 min. in de oven op 180 °C totdat ze licht geblakerd zijn. Laat ze afkoelen onder een doek en haal de schil eraf. Snijd de paprika in repen. Snijd 1 flinke ui in grove stukken en fruit deze aan in de pan. Meng de paprikarepen erdoor en laat heel kort meebakken. Doe het mengsel in de bakvorm en bestrooi rijkelijk met peterselie. Giet de quichesaus eroverheen. Eventueel kun je nog wat verse geitenkaas over het quichemengsel strooien voordat je het in de oven zet.

★ **PREITAART MET CASHEWNOTEN** neem 4 preien, maak deze schoon en snijd ze in grove ringen. Bak de ringen 5 min. in de koekenpan, zet het vuur laag en laat nog 10 min. nasudderen totdat ze zacht zijn. Rooster ondertussen de cashewnoten kort in een koekenpan. Verdeel de prei met de noten in de bakvorm en giet de quichesaus eroverheen.

★ **COURGETTETAART MET ZWARTE OLIJVEN** neem 3 courgettes en snijd deze in dunne ronde schijven. Laat het geheel even voorbakken in een beetje olie met daarin een teentje uitgeperste knoflook en een uitje. Leg de courgette in de bakvorm en strooi er zwarte olijven overheen. Giet de quichesaus eroverheen.

★ **HARTIGE TAART MET CHAMPIGNONS EN PREI** maak 2 bakjes champignons schoon en snijd ze in vieren (de kleinere in tweeën). Bak ze aan in de pan met een beetje olie én roomboter, en knoflook. Zet apart. Maak 2 preien schoon en snijd deze in grove ringen, bak deze 5 min. aan en laat vervolgens nog 10 min. nasudderen. Meng het geheel door elkaar en voeg koriander en dragon toe. Doe het geheel in de bakvorm en giet de quichesaus eroverheen.

★ **GORGONZOLATAART MET WORTEL EN POMPOEN** snijd de pompoen in stukjes en bak deze samen met 1 grote ui in de pan. Voeg 1 geraspte winterwortel en een stukje fijngehakte gember toe. Laat sudderen op een zacht vuur totdat de pompoen zacht is. Roer het mengsel goed door zodat het een stevige massa wordt. Doe dit geheel samen in de bakvorm en verbrokkel gorgonzola over het mengsel. Je hebt voor deze variant in principe geen quichesaus nodig.

Plaatpizza!

HET BASISDEEG VOOR DE HARTIGE TAART (ZIE PAGINA 120) KUN JE OOK PRIMA GEBRUIKEN OM EEN HEERLIJKE PLAATPIZZA VAN TE BAKKEN. IN DAT GEVAL SPREID JE HET DEEG UIT OP EEN INGEVETTE BAKPLAAT EN BELEG JE HET MET PIZZASAUS EN BELEG NAAR KEUZE. VERVOLGENS BAK JE DE PIZZA GAAR IN EEN VOORVERWARMDE OVEN OP 180 °C IN ONGEVEER 25-30 MINUTEN. VOORAL KINDEREN VINDEN DIT HEERLIJK. ZEKER ALS ZE ZELF HUN PIZZA MOGEN BELEGGEN. BOVENDIEN IS PIZZA OOK PRIMA KOUD TE ETEN ALS LUNCH OF LEKKER HAPJE TUSSENDOOR.

Easy pizzasaus

JE HEBT NODIG

- ★ 1 flinke ui, in grove stukken
- ★ 3 tenen knoflook, in plakjes
- ★ 1 verpakking tomatenpassata
- ★ 1 blikje tomatenpuree
- ★ 1 el bouillonpoeder
- ★ 1 el Italiaanse keukenkruiden

TIP
IN PLAATS VAN TOMATEN KUN JE OOK COURGETTES EN GROENE PAPRIKA GEBRUIKEN. SNIJD IN DAT GEVAL 1 COURGETTE EN 1 GROENE PAPRIKA IN GROVE PLAKKEN EN LAAT DEZE 15 MIN. MEEPRUTTELEN. PUREER ALLES VERVOLGENS MET DE STAAFMIXER.

Fruit de ui en knoflook in een beetje olie in de pan. Voeg de tomatenpassata en tomatenpuree toe samen met de keukenkruiden en het bouillonpoeder. Laat ongeveer 15 min. zacht pruttelen.

TIP MAAK EEN GROTE PAN VOL EN VRIES DEZE IN HANDZAME PORTIES IN ALS BASIS VOOR DE PIZZA, PASTASAUS OF TOMATENSOEP!

Vervolgens kun je met de bodem en de saus alle pizzacombinaties maken die je maar wilt! Kies als garnering op de gebakken pizza voor een pluk rucola of snipper wat verse peterselie, oregano of basilicum eroverheen. Ook is het heerlijk om verse pesto te gebruiken.

Pizzavariaties

VARIEER NAAR HARTENLUST MET JOUW PIZZA

★ PIZZA TOMAAT MET GEITENKAAS

brokkel lekker veel geitenkaas en wat
zwarte olijven over de pizza.

★ PIZZA TOMAAT MET GROENTE

hier kun je allerlei groenten voor gebruiken.
Bak ze vooraf even in de pan zodat het geheel niet zo droog wordt!

★ PIZZA TOMAAT MET VRUCHTEN EN GEITENKAAS

lekker met ananas, abrikoos of mango en verse geitenkaas.

★ PIZZA TOMAAT MET KIP EN SPINAZIE

kook een kipfilet en trek deze met twee vorken uit elkaar, roerbak
de spinazie kort en leg deze op de pizza samen met de stukken kip.

★ PIZZA MET UIEN EN TONIJN

snijd 1 ui in ringen en bak deze heel kort aan, leg dit op
de pizza en verdeel een blikje tonijn eroverheen.
Lekker met versgemalen peper!

Lekker wokken!

ROERBAKKEN OF WOKKEN IS EEN IDEALE MANIER OM SNEL EEN HEERLIJKE EN GEZONDE MAALTIJD OP TAFEL TE ZETTEN.

DE WOKREGELS

★ Snijd vooraf alle groenten.

★ Blancheer eventueel heel kort de wat hardere groenten (denk hierbij aan wortel, broccoli, bloemkool, knolselderij en dergelijke).

★ Zorg ervoor dat het vet waarin je bakt goed heet is voordat je de groenten erin doet. Het beste kun je daarom kiezen voor kokosvet; dit kan goed verhit worden zonder dat het verandert in een giftige massa.

★ Voeg vervolgens de smaakmakers toe, zoals een boemboe, tamari, knoflook of andere kruiden.

★ Doe daarna de groenten in de pan, van hard naar zacht... Zo voorkom je dat de harde groenten nog niet gaar zijn en de zachtere groenten 'tot snot' gekookt worden.

Spinazie met ui, knoflook, feta en noten

JE HEBT NODIG

★ 2 handen geroosterde cashewnoten

★ 1 uitje, fijngesneden

★ 1 teentje knoflook, fijngesneden

★ 1 grote zak verse spinazie

★ 1 plak schapenfeta, in blokjes

Rooster de cashewnoten kort in een droge koekenpan tot ze lichtbruin zijn. Fruit de ui en knoflook heel kort in wat olie. Voeg de spinazie toe. Laat heel even bakken totdat de spinazie begint te slinken, niet langer. Breng op smaak met peper en zout. Doe dit roerbaksel in porties op een bord en kruimel er de feta en de noten overheen.

Groentecurry met vis

Deze groentecurry kun je maken van verschillende groenten zoals broccoli, bloemkool, wortel, courgette, paksoi, groene paprika, ui en champignons. De basis voor deze curry is de kerrieboemboe (zie pagina 134). Deze doe je in de pan en vervolgens voeg je naar smaak de verschillende groenten toe (denk eraan de hardere groentesoorten eerst kort te blancheren). Kies je favoriete vis uit, snijd deze in grove stukken en laat dit kort meegaren.

TIP
OOK LEKKER MET GARNALEN!

Italiaanse roerbak met kip en pesto

Snijd de kipfilet in grove stukken en bak deze kort aan in een lekkere knoflookolie, gemaakt van olijfolie met de knoflook en ui. Voeg daar de groenten aan toe. Breng het geheel op smaak met verse pesto (zie pagina 133) of verschillende Italiaanse kruiden zoals tijm, oregano en basilicum.

JE HEBT NODIG

★ 100 g kipfilet per persoon, in grove stukken
★ 2 teentjes knoflook, in plakjes
★ 1 uitje, gesnipperd
★ mediterrane groenten zoals paprika, courgette, tomaat en uien, grof gesneden
★ verse Italiaanse kruiden zoals tijm, oregano en basilicum
★ 2 el verse pesto

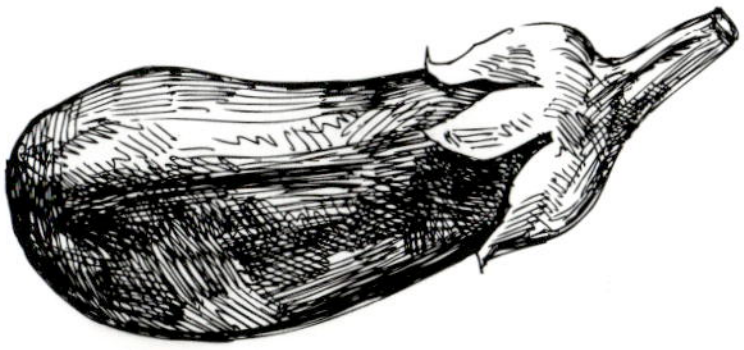

TIP WIL JE AUBERGINE GEBRUIKEN, BAK DEZE DAN EVEN APART ZODAT JE ZEKER WEET DAT IE GOED GEBAKKEN IS. ROER DEZE OP HET LAATST DOOR HET GROENTEMENGSEL HEEN.

Sambalboontjes met cashewnoten en banaan*

JE HEBT NODIG

- ★ 2 handen sperzieboontjes per persoon
- ★ 1 el kokosvet
- ★ 1 teentje knoflook, fijngehakt
- ★ 1 uitje, fijngesneden
- ★ 2 tl sambal (toevoegen naar smaak!)
- ★ 1 (bak)banaan, in plakjes
- ★ 1 hand cashewnoten

Maak de boontjes schoon en kook ze in ruim kokend water beetgaar. Verhit in de pan kokosvet en fruit daarin de knoflook en de ui. Voeg de boontjes toe samen met de sambal. Laat nog even bakken. Snijd de banaan in plakjes en laat deze kort meebakken. Rooster de cashewnoten in een droge koekenpan goudbruin en voeg deze als laatste toe.

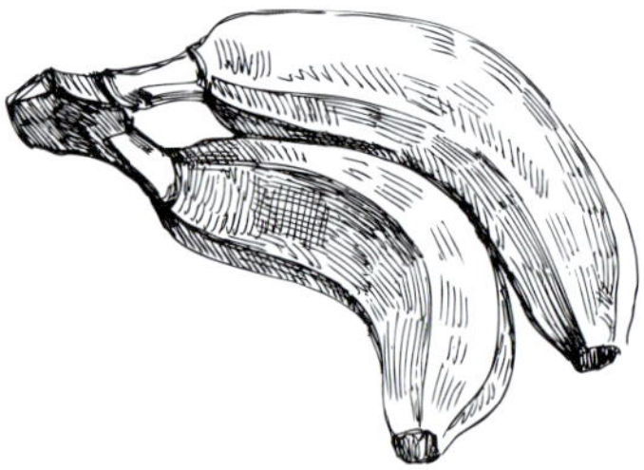

Bloemkoolroerbak met kerriepasta en noten

JE HEBT NODIG

- ★ 1 bloemkool
- ★ kerrieboemboe (zie pagina 134)
- ★ 2 handen gemengde noten zoals cashewnoten, pecannoten, hazelnoten e.d.

Maak de bloemkool schoon en snijd deze in mooie roosjes. Blancheer deze kort in kokend water tot ze beetgaar zijn. Roerbak de bloemkool en voeg een paar eetlepels kerrieboemboe toe voor de smaak. Rooster de noten kort in een droge koekenpan tot ze goudbruin zijn. Roer de noten door het mengsel en klaar!

Spruitjes-kastanjeschotel met zoete aardappel en knolselderijpuree

Maak de spruitjes schoon en blancheer ze in ruim kokend water met een snufje zout tot ze net beetgaar zijn. Kook de zoete aardappelen en de knolselderij samen in ruim kokend water in ongeveer 25 min. gaar met het laurierblaadje. Rooster de kastanjes kort in een koekenpan. Stamp de aardappel samen met de knolselderij. Schep de helft van het gestampte mengsel in een ovenschaal en voeg de spruitjes en kastanjes toe; schep de andere helft van het aardappel-knolselderij-mengsel in de schaal en giet er een klein beetje olie overheen. Zet het geheel ongeveer 25 min. in een voorverwarmde oven op 180 °C.

JE HEBT NODIG

- ★ 1 zak spruitjes
- ★ grote zoete aardappelen, geschild en in blokjes
- ★ 1 knolselderij, geschild en in blokjes
- ★ 1 laurierblaadje
- ★ 2 el kastanjes (of walnoten)

Appelmoes

JE HEBT NODIG

- ★ 2 kg zachte appels (bijv. Elstar), geschild, ontpit en in partjes gesneden
- ★ kaneelstokjes

Vroeger kreeg ik niets weg zonder appelmoes. Even prakken en dan vervolgens een flinke lading appelmoes erbij en de boel werd naar binnen geschoven. Gelukkig is dat nu wel anders! Toch vind ik een beetje appelmoes op zijn tijd nog steeds heerlijk, alleen is ie vaak zo zoet. Daarom maak ik het tegenwoordig zelf – makkelijk, suikervrij en lekker!

Zet de appels op in een laagje water (zorg dat ze ongeveer voor 1/3 onderstaan; te veel water maakt de moes dunner) en leg de kaneelstokjes ertussen. Laat alles op een zacht vuur koken totdat de appels zacht genoeg zijn om moes van te maken. Verwijder de kaneelstokjes en zet de staafmixer erin en maal de appels tot moes. Eventueel kun je nog wat stevia toevoegen aan de afgekoelde moes.
Let op: warme appelmoes smaakt minder zoet dan afgekoelde. Wacht daarom met zoeten totdat de moes koud is. Mijn ervaring is dat de moes dan zoet genoeg van smaak is.

Rabarber met aardbeien

JE HEBT NODIG

- ★ 9 stengels rabarber, in stukjes
- ★ 100 g aardbeien
- ★ sap van 3 sinaasappels
- ★ sap van ½ limoen
- ★ 1 kaneelstokje

Doe de rabarber samen met de aardbeien in een pan. Voeg hier het sinaasappel-limoensap en het kaneelstokje bij en laat zachtjes ongeveer 20 min. koken. Laat de rabarber eerst afkoelen en kijk dan of ie zoet genoeg is voor je (warm is ie wat zuurder). Zo niet, dan kun je altijd nog een beetje bijzoeten met stevia of kokosbloesemsuiker.

Stoofpeertjes met balsamicoazijn

Niemand kon zo lekker stoofpeertjes maken als mijn oma. Helaas kan ik haar niet meer vragen hoe ze het deed, maar ik vermoed dat dit gebeurde met liters frambozenlimonade. Ze waren namelijk mierzoet. Ik heb dus mijn eigen stoofperenvariant bedacht.

Zet de peertjes op met een laagje water en giet er een flinke scheut balsamicoazijn overheen. Voeg de kaneelstokjes, gember en kruidnagel toe en laat dit ongeveer 20 min. zachtjes doorkoken totdat de peertjes zacht worden. Haal het mengsel van het vuur en laat afkoelen. Eventueel kun je het nog extra zoeten met wat stevia.

JE HEBT NODIG

- ★ 2 kg stoofperen, geschild, ontpit en in vieren gesneden
- ★ flinke scheut balsamicoazijn
- ★ 2 kaneelstokjes
- ★ 1 teentje verse gember
- ★ 1 kruidnagel

Zoete aardappelfriet met kaneel en citroenmayo

Schil de zoete aardappelen en snijd ze in frieten. Leg de frieten in een ovenschaal op een stuk bakpapier of aluminiumfolie. Giet er een flinke scheut olijfolie of kokosolie overheen en bestrooi met kaneel. Laat de frieten in ongeveer 45 minuten goudbruin en gaar worden in een oven die je hebt voorverwarmd op 200 °C. Keer de frieten regelmatig even. Maak de citroenmayo door 1 heel ei en 1 eidooier samen met de appelazijn, zonnebloemolie, mosterd en een snuf zout in een hoge kom te doen. Zet de staafmixer erin en trek deze langzaam omhoog totdat je de mayonaise ziet ontstaan. Voeg naar smaak citroensap toe. De mayonaise is in een jampotje in de koelkast ongeveer 2 weken goed te bewaren.

JE HEBT NODIG

- ★ 500 g zoete aardappelen, in repen gesneden
- ★ flinke scheut olijfolie of kokosolie
- ★ kaneel
- ★ 2 eieren
- ★ 4 el appelazijn
- ★ 200 ml zonnebloemolie
- ★ 1 tl pittige mosterd
- ★ snufje zout
- ★ citroensap, naar smaak

Tafeldekken zoals het hoort

ETIQUETTE. MIJN MOEDER HEEFT ER OOIT EEN HELE STUDIE VAN GEMAAKT. IK 'GOOI' EIGENLIJK ALLES GEWOON OP TAFEL. LEUK KLEEDJE OF HIPPE PLACEMAT ERONDER EN HET IS KLAAR. TOCH IS HET WEL HEEL LEUK OM TE WETEN HOE 'HET' EIGENLIJK MOET.

EEN PAAR TIPS UIT HET MARGRIET KOOKBOEK VAN 1962

★ Leg messen altijd rechts van het bord met de scherpe kant naar binnen (naar het bord toe).

★ Rechts naast het mes leg je de lepel met de bolle kant naar beneden.

★ De vork komt links van het bord met de tanden naar boven.

★ Het eerst te gebruiken bestek komt aan de buitenkant te liggen en zo wordt naar binnen toe gewerkt.

★ Glazen krijgen een plaatsje rechts boven het bord. Voor wijnglazen geldt dat deze in schenkvolgorde worden geplaatst, waarbij het eerste wijnglas aan de buitenkant staat en dan vervolgens naar binnen toe wordt gewerkt.

★ De dessertlepel wordt met de bolle kant naar beneden boven het bord gelegd met de steel naar rechts.

★ Schone servetten komen op het bord en gebruikte servetten worden links naast het bord gelegd.

★ Als je eenmaal aan tafel zit, geef je alles links van de persoon aan en neem je het rechts van de persoon af.

★ O, en heel belangrijk: de voornaamste gast zit rechts van de gastvrouw!

BON APPETIT!

Maak je maaltijd op smaak met...

Pesto

Meng voor deze zomerse smaakmaker alle ingrediënten in de blender:

JE HEBT NODIG

- ★ 2 bossen basilicum
- ★ 100 g Parmezaanse kaas
- ★ 2 el pijnboompitten (je kunt ook amandelen, zonnebloempitten of walnoten nemen)
- ★ 2 teentjes knoflook, uitgeperst
- ★ een flinke scheut olijfolie

Tapenade

Tapenade wordt veelal gemaakt van olijven of gedroogde tomaten. Maar je kunt er bijvoorbeeld ook geroosterde paprika voor gebruiken. Tapenade kun je gebruiken als dip bij de borrel, maar ook als smaakmaker in gerechten.

★ **OLIJVENTAPENADE:** meng in de keukenmachine 1 fijngesneden uitje, 2-3 eetlepels olijven (kies voor de naturelvariant, zonder toevoegingen), 1 teentje knoflook en wat peper en zout.

★ **TOMATENTAPENADE:** meng in de keukenmachine 2-3 eetlepels zongedroogde tomaten (het beste kun je hiervoor de gedroogde variant nemen en deze even weken; deze bevat namelijk geen suiker), 1 fijngesneden uitje, 1 teentje knoflook en wat peper en zout.

TIP
DENK ER OOK EENS AAN OM EEN BEETJE TAPENADE TOE TE VOEGEN AAN HET QUICHEDEEG OF OP DE PIZZA!

Verse kerrieboemboe

JE HEBT NODIG

- ★ 1 ui, in grove stukken
- ★ 2 tl sambal
- ★ 3 tenen knoflook
- ★ 1 flinke el kerriepoeder (tip: haal goede kerriepoeder bij de toko, deze heeft veel meer smaak)
- ★ 4 el tamari
- ★ 5 el zonnebloemolie
- ★ 2 tl ketoembar (gemalen koriander)
- ★ 1 tl djahé (gemalen gemberwortel)
- ★ 2 tl djinten (gemalen komijnzaad)
- ★ 1 el citroensap

Deze basisboemboe is een supersmaakmaker! Je kunt 'm gebruiken voor roerbakschotels, om een Oosterse twist te geven aan een quiche, om soep pittiger te maken of voor een ouderwetse pan met nasi of bami. Ook is het een geweldige marinade voor kip. Hij blijft in een afgesloten potje ongeveer 1 week houdbaar in de koelkast, maar je kunt 'm ook prima invriezen in kleine porties.

De bereiding is heel simpel: doe alle ingrediënten in een blender en laat alles even goed doordraaien.

Gepofte knoflook

Knoflook poffen doe je heel eenvoudig in de oven (voorverwarmen op 180 °C). Van een bolletje knoflook snijd je de bovenkant af (zodat je de teentjes kunt zien), je druppelt er iets olijfolie over, verpakt het in aluminiumfolie en gaart het zo'n 30 tot 45 min. in de oven. Even iets laten afkoelen voor je de knoflookpuree eruit drukt. Je kunt meerdere bollen tegelijk maken, want ze zijn ongeveer een week houdbaar in de koelkast. Gepofte knoflook is ook lekker op een (geroosterde) snee zuurdesembrood of cracker, in dressings en door soepen en sauzen.

Mayonaise/knoflooksaus

De meeste mayonaise bevat behoorlijk wat suiker. Kies daarom altijd voor Belgische mayonaise (ik ben zelf verslaafd aan Ton's-Belze Mayo) of maak zelf mayonaise. Dit is echt heel eenvoudig! Bewaar 'm in een schoon jampotje in de koelkast. Hij is ongeveer 2 weken houdbaar (maar meestal is ie ruim voor die tijd wel op...).

JE HEBT NODIG

- ★ 1 el mosterd
- ★ 4 el azijn
- ★ 2 eidooiers
- ★ 200 ml biologische zonnebloemolie
- ★ 50 ml olijfolie
- ★ zout naar smaak

Doe alle ingrediënten bij elkaar in een hoge mengkom. Plaats de staafmixer in de kom en trek deze langzaam omhoog. Je ziet dan de mayonaise ontstaan.

TIP
PERS EEN TEENTJE KNOFLOOK UIT EN VOEG DIT TOE VOOR EEN HEERLIJKE ZACHTE KNOFLOOKSAUS. OOK KUN JE EEN KLEIN SCHEUTJE CITROENSAP TOE VOEGEN VOOR EEN IETS ZUURDERE SMAAK.

Satésaus

Meng een klein scheutje water, 1 eetlepel kokosvet, 3-4 flinke eetlepels pindakaas, klein beetje sambal, klein beetje komijn, teentje knoflook, klein beetje korianderpoeder, klein beetje sojasaus. Maak daar met de garde een vrij dunne saus van en laat deze op het vuur indikken.

Verse kruiden

Met verse kruiden kun je eindeloos combineren. Gelukkig zijn ze tegenwoordig vrijwel het hele jaar door goed verkrijgbaar in de supermarkt. Je kunt kiezen voor een plantje of voor diepgevroren kruiden. De tabel op pagina 137 afkomstig uit het *Oersterk Kookboek*, geeft je een goed overzicht van de verschillende kruiden en gerechten waarmee je ze kunt combineren.

Patrick 'Van mij krijgt het Sugarchallenge-programma een 8. Omschakelen naar suikervrij viel me reuze mee en heeft me geholpen om weer wat bewuster om te gaan met mijn lichaam. Mijn nachtrust is sterk verbeterd en ook ben ik minder stijf als ik opsta.'

KRUIDENSOORT	LEKKER BIJ
BASILICUM	Vis, kip, salades en in pesto
LAURIERBLAD	Vlees, wild, vis, stoofpotten en stoofgroenten; gebruik het hele blad en verwijder dit voordat je gaat serveren
KORIANDER	Supersmaakmaker in heel veel gerechten, zorgt voor een oriëntaals accent. Voeg pas op het laatste moment toe. Te veel koriander geeft een 'zeepachtige' smaak, dus goed doseren
DILLE	Salades, vis en lam
BIESLOOK	Vervanger van ui; voeg toe aan salades, soepen, stoofpotten, omelet, gekookte groenten
MAJORAAN	Lijkt een beetje op tijm qua smaak. Voeg vlak voor het opdienen toe aan eiergerechten, lam, wild, soep, stoofpotjes en gekookte groenten
MUNT	Lekker als thee, in soep, in stoofpotten, bij vis en lamsvlees en in vleessauzen
ROZEMARIJN	Stoofschotels, salades, soepen, sauzen, vlees, mediterrane roerbakgerechten, champignons en gekookte groenten
PETERSELIE	Vis, vlees, sauzen, soepen, salades en groenten
OREGANO	Vis, vlees, sauzen, salades, soepen, pizza
SALIE	Vis, vlees, sauzen
SPECERIJEN	Gebruik specerijen om accenten aan te brengen in je maaltijd. Kies voor anijs, kaneel, kardemom, peper, gember, saffraan, mosterdzaad, kruidnagel, paprika, geelwortel en vanille

bron: Oersterk Koken, drs Richard de Leth en Jolanda Dorenbos, Uitgeverij de Leth, 2013

Desserts

Hannijs luchtige chocolademousse*

Hannij: *'Sinds mijn deelname aan de Sugarchallenge ben ik eindelijk en echt totaal zonder moeite van mijn "suikerdipjes" af. Ik heb ook gelijk maar alle lightproducten het huis uit gedaan. Verbazend hoe kleine aanpassingen zo'n effect kunnen hebben. Ik voel mij weer een ander mens!'*

Klop de eiwitten tot een stevige 'sneeuw' en warm intussen de honing met het water tot een stroop. Giet de stroop voorzichtig bij de eiwitten en klop dit rustig verder. Smelt de chocolade en voeg de crème fraîche aan de gesmolten chocolade toe. Spatel het chocolademengsel door de eiwitten en verdeel de massa in een aantal mooie schaaltjes. Bestrooi vervolgens met de geraspte chocolade en laat het een aantal uren opstijven in de koelkast.

JE HEBT NODIG VOOR 4 PERSONEN

- ★ 150 g pure chocolade (72% of meer)
- ★ 1 el honing
- ★ 2 el water
- ★ 100 g crème fraîche
- ★ 2 eiwitten
- ★ 50 g chocolade geraspt

Fruitige yoghurtshake

Doe het fruit en de yoghurt samen in de blender en laat goed doorblenderen totdat het een romige massa is. Je kunt hiermee zo creatief zijn als je wilt. Eventueel kun je er naar smaak nog wat kokossnippers of vanillepoeder aan toevoegen.

JE HEBT NODIG

- ★ 100 g bevroren fruit (denk aan bananen*, mango, maar ook kant-en-klaar bevroren fruit dat je kunt kopen in de supermarkt – let hier wel even goed op of er suiker aan toegevoegd is)
- ★ 150 ml volle yoghurt (3,5% vet)

Tiramisu*

VOOR 4 PERSONEN

JE HEBT NODIG VOOR HET KRUIMELDEEG

- ★ 200 g amandelmeel
- ★ 100 g havermout
- ★ 2 tl kaneel
- ★ 2 el kokosvet gesmolten
- ★ 2 el honing
- ★ 50 g roomboter

Het lastigste aan het maken van een suikervrije tiramisu is het vinden van een vervanging voor de lange vingers. Deze kun je heel eenvoudig zelf bakken in de vorm van een kruimeldeeg. Daarna is het een kwestie van een heerlijke mascarponemix maken en de tiramisu bouwen!

Smelt de boter en het vet in een pannetje en weeg ondertussen het amandelmeel en de havermout. Doe alles bij elkaar in een grote kom en meng met de gesmolten boter en de honing*. Het wordt nu een grof, plakkerig kruimeldeeg. Vet een ovenschaal in en kruimel het deeg in een ingevette ovenschaal. Laat in ongeveer 15-20 min. goudbruin bakken in de oven op 180 °C en laat afkoelen.
Zet alvast 1 supersterke kop koffie of espresso en laat dit afkoelen.
Maak intussen het mascarponemengsel klaar...

JE HEBT NODIG VOOR HET MASCARPONEMENGSEL

- ★ 500 g mascarpone
- ★ 100 ml melk
- ★ Sap en rasp van 1 citroen
- ★ Sap en rasp van 1 sinaasappel
- ★ 2 el water
- ★ 2 el honing
- ★ 1 tl vanillepoeder

- ★ Kop extra sterke koffie

Meng alle ingrediënten door elkaar en proef of het zoet genoeg is. Voeg desgewenst nog een klein beetje honing toe. Het mascarponemengsel moet een mooie lobbige massa zijn die net niet van de lepel afloopt. Mocht ie te dik zijn, voeg dan een beetje melk toe.
Neem een mooie schaal waarop je een laag van het kruimelmengsel legt (ongeveer 1/3). Giet hier vervolgens met een lepel ruim een deel van de koffie overheen. Breng dan een laag mascarponemengsel aan (ongeveer 1/3). Herhaal dit met weer een laag kruimelmengsel, koffie en eindig met mascarponemengsel. Strooi er vervolgens cacaopoeder overheen en laat het een dag in de koelkast staan zodat alle smaken goed kunnen intrekken.

Apple crumble*

Dit dessert is inmiddels een klassieker onder de Sugarchallengers. Apple crumble is heerlijk als dessert, maar ook geweldig als ontbijt, gecombineerd met bijvoorbeeld Griekse yoghurt. Je maakt het in een handomdraai en: het is glutenvrij!

Smelt de roomboter en het kokosvet in een pannetje en weeg intussen amandelmeel, havermout en kokosbloesemsuiker af. Doe de kokossnippers en het zout erbij. Voeg de boter bij het afgewogen meel en roer snel door tot er een kruimeldeeg ontstaat. Laat het deeg even staan.

Schil intussen de appels en snijd deze in blokjes. Strooi er ruim kaneel overheen. Doe het geheel in een ovenschaal en verdeel het deeg erover. Bak in ongeveer 20 min. goudbruin in de oven op 180 °C.

JE HEBT NODIG

- ★ 50 g roomboter
- ★ 1 grote el kokosvet
- ★ 150 g amandelmeel
- ★ 150 g havermout
- ★ 50 g kokosbloesemsuiker* (of 2 el honing*)
- ★ 4 grote zoete appels
- ★ kaneel
- ★ 1 el kokossnippers
- ★ snufje zout

Bananenyoghurt*

Blender de bananen in de keukenmachine tot een romige massa en spatel deze door de yoghurt. Voeg de vanillepoeder erbij. Even laten staan in de koelkast en smullen maar!

TIP
EVENTUEEL KUN JE ER OOK ANDER FRUIT AAN TOEVOEGEN OF VOOR IN DE PLAATS NEMEN.

JE HEBT NODIG

- ★ 500 g Griekse yoghurt (of volle yoghurt met 3,5% vet)
- ★ 3 rijpe bananen*
- ★ 1 tl vanillepoeder

Fruitsoep

Dit is vooral in de zomer een heerlijk gerecht. Combineer dit wel goed met een eiwitportie zoals een flinke toef suikervrije slagroom of crème fraîche om te voorkomen dat je bloedsuikerspiegel al te erg gaat schommelen. Ook kun je er een toef avocadomousse of gehakte noten aan toevoegen.

Blender verschillende soorten vers zoet, zacht fruit dat veel water bevat (zoals aardbeien, frambozen of bessen) tot een zachte massa. Eventueel kun je een scheutje water of kokosmelk toevoegen om het geheel te verdunnen. Doe deze soep in een bord en garneer met stukjes fruit, een paar muntblaadjes en een flinke toef suikervrije slagroom!

Suikervrije chocolaatjes à la Annemieke*

JE HEBT NODIG

- ★ 100 g cacaoboter of kokosvet
- ★ 50 g cacaopoeder
- ★ ¼ sap van een uitgeperste sinaasappel
- ★ 1 el rozijnen*
- ★ 1 el zonnebloempitten
- ★ 1 el honing* of kokosbloesemsuiker*

Deze heerlijke chocolaatjes zijn speciaal voor de Sugarchallenge gemaakt door Sugarchallenge-kok Annemieke de Kroon. Zij is tevens medeauteur van het boek *Superfoodrecepten*.

Smelt de cacaoboter of kokosolie langzaam op laag vuur in een steelpannetje. Als het gesmolten is, haal je het van het vuur af en laat je het even staan. Voeg als het wat is afgekoeld (maar nog wel vloeibaar is) de cacaopoeder toe. Voeg de rest van de ingrediënten toe en roer het geheel goed door. Vul ijsblok- of muffinvormpjes met het mengsel en laat het opstijven in de vriezer. De chocola met cacaoboter kun je in de koelkast bewaren; de chocola met kokosolie kun je het beste in de vriezer bewaren.

TIP VUL DE VORMPJES VOOR DE HELFT, LAAT HET 10 MIN. OPSTIJVEN, SCHEP ER DAN 1 THEELEPEL AMANDELPASTA OF BIOLOGISCHE PINDAKAAS OP EN GIET DAAROVERHEEN NOG WAT CHOCOLADEMENGSEL; ZO KRIJG JE KLEINE SNICKERTJES.

Snacks

Gehaktballetjes

Neem 200 g rundergehakt en doe daar doorheen een handvol peterselie, een eetlepel havermout, peper, zout en een ei. Eventueel kun je het nog wat pittiger maken door toevoeging van een fijngesneden pepertje of stukjes paprika. Draai hier balletjes van en braad deze in een klein beetje roomboter of kokosolie. Lekker met mosterd!

Noten

Ik heb standaard een bak met noten in de keukenkast (en vaak ook in de auto) staan. Op het moment dat ik een dip dreig te krijgen neem ik snel een handje noten en kan ik er weer even tegenaan. Kies voor ongebrande, ongezouten noten in de supermarkt. Ik doe er vaak een handje rozijnen of goijbessen* door voor een zoete bite.

Pompoenchips

Snijd een pompoen in dunne schijfjes. (Let op: hier heb je een scherp mes voor nodig!) Leg de schijfjes op een bakplaat en besprenkel met een paar druppels olie en een klein beetje zout. Bak ongeveer 15-20 min. in de oven op 180 °C (je kunt de schijfjes pompoen ook frituren). Bestrooi met citroenpeper. Heerlijk met een beetje verse mayo.

Energieballetjes*

Kook 5 fijngesneden dadels* en 5 fijngesneden vijgen* in water totdat ze zachter worden. Meng dit met fijngehakte walnoten en hazelnoot. Maak hier balletjes van en rol deze door kokossnippers. Laat in de koelkast opstijven.

Stukjes fruit met noten

Persoonlijk ben ik geen voorstander van fruit als tussendoortje omdat dit bij veel mensen de bloedsuikerspiegel laat stijgen waardoor je nog meer honger krijgt. Mocht je toch fruit tussendoor willen eten, combineer het dan met eiwitten of vetten. Bijvoorbeeld met een handje ongebrande noten, zaden, pitten of een bakje (volle) yoghurt. Dit zorgt ervoor dat je bloedsuikerspiegel minder snel stijgt waardoor je je beter verzadigd voelt.

Minipizza's

Maak het recept voor de grote pizza (zie pagina 122) en maak hiervan kleine pizza's die je belegt met beleg naar keuze en een flinke pluk geraspte geitenkaas. Bak het geheel af in de oven en smullen maar! Eventueel kun je deze pizza's ook invriezen.

Augurkje met kaas

Kies voor zure augurkjes die je combineert met een paar blokjes geitenkaas of boerenkaas.

Zure haring met roggebrood

Beleg een sneetje roggebrood met roomboter en een zure haring. Garneer met een plukje verse bieslook. Ook lekker in combinatie met bietensalade (zie pagina 109).

Dadel met geitenkaas*

Vul een aantal dadels* met een beetje geitenroomkaas. Garneer met een walnootje.

Rosbiefrolletjes met tuinkers en avocadomousse

Maak mousse van een gepureerde avocado waar je een eetlepel mayonaise doorheen mengt. Breng op smaak met een beetje peper en zout. Smeer dit mengsel op een plakje rosbief, leg er wat tuinkers op en rol dit op.

Gekookt eitje

Dit is mijn favoriete tussendoortje. Ik zorg er dan ook voor dat er altijd een paar gekookte eieren voorhanden zijn. Ook heel makkelijk om mee te nemen (als je ze hard kookt...).

MET DEZE RECEPTEN HOEF JE GEEN GEBAK MEER TE KIEZEN DAT BOL STAAT VAN DE SUIKER EN KLEUR-, GEUR- EN SMAAKSTOFFEN!

Feest

Basisrecept voor suikervrije taart*

DEZE TAART BESTAAT UIT DRIE DELEN

1. HET DEEG

2. ZOETE MOUSSE

3. DE VULLING

Iedere taart is opgebouwd uit deze drie onderdelen. Verder heb je een ronde springvorm nodig en een staafmixer. Als je die hebt is een goede keukenmachine ideaal. En uiteraard een oven...

Basisrecept deeg

Dit deeg kun je prima gebruiken als basisdeeg voor de taarten die je maakt. Bekleed een springvorm ermee en varieer naar hartenlust met de vulling. Succes gegarandeerd. Als je kiest voor de glutenvrije variant, houd er dan rekening mee dat de taart compacter wordt.

Meng de boter met het meel, de honing en het ei tot een deeg. Voeg limoensap toe en een klein beetje water tot het een mooi geheel vormt. Laat het deeg even rusten.

JE HEBT NODIG

- ★ 200 g zachte roomboter
- ★ 400 g volkoren speltmeel (voor een glutenvrije variant vervang je het volkoren speltmeel door 400 g amandelmeel)
- ★ 1 ei
- ★ 2 el honing*
- ★ sap van een halve limoen
- ★ scheutje water

Basisrecept zoete mousse*

Kook de dadels en vijgen met een beetje water in ongeveer 10 min. zacht. Pureer met de staafmixer tot een vruchtenmousse. Je kunt voor deze mousse ook kiezen voor andere gedroogde zuidvruchten zoals abrikozen en rozijnen. Uiteraard kun je ook lekkere combinaties hiervan maken.

JE HEBT NODIG

- ★ 100 g dadels*, in kleine stukjes
- ★ 100 g vijgen*, in kleine stukjes (tijdens jouw Sugarchallenge kun je de dadels en vijgen vervangen door abrikozen)

Frangipane met vruchten*

JE HEBT NODIG

- ★ basisrecept deeg* (zie pagina 147)
- ★ 3 eieren
- ★ 100 g amandelmeel
- ★ 100 g zoete mousse* (zie pagina 147)
- ★ 1 grote beker crème fraîche
- ★ 150 g fruit naar keuze, in stukjes (dit kan van alles zijn, bijvoorbeeld pruimen, abrikozen, bessen, aardbeien, peer, banaan*, appel, etc.)

Mix eieren, amandelmeel, zoete mousse en crème fraîche door elkaar. Goed mixen zodat er een homogene massa ontstaat. Indien het mengsel te dik is, voeg dan wat sojamelk, havermelk of rijstmelk* toe. Verdeel het fruit over de deegbodem en giet het geklopte mengsel eroverheen. Bak in 40 min. op 180 °C.

Appeltaart*

JE HEBT NODIG

- ★ basisrecept deeg* (zie pagina 147)
- ★ 6 grote appels (kies een zoete appel zoals Elstar of Jonagold)
- ★ kaneel
- ★ scheutje limoensap
- ★ klein potje suikervrije appelcompote (of 4 flinke eetlepels zelfgemaakte appelmoes, zie pagina 128)
- ★ 200 g zoete mousse* (zie pagina 147)

Schil de appels, snijd deze in vieren en snijd ze vervolgens in dunne schijfjes. Meng dit in een kom met een flinke hoeveelheid kaneel, een beetje limoensap, de appelcompote (of appelmoes) en de zoete mousse. Bekleed de bakvorm met het deeg en verdeel het mengsel over de bodem. Bak in 40 min. op 180 °C.

Friszure rabarbertaart met aardbeien*

Kook de rabarber met de aardbeien in ongeveer 20 min. zacht. Pureer goed. Scheid 3 eieren. Klop het eiwit met de mixer in een vetvrije kom totdat het een stijf schuim is.

TIP SMEER DE KOM IN MET EEN PAAR DRUPPELTJES CITROENSAP.

Spatel voorzichtig de rabarbermassa door het eiwit en doe het mengsel in de met deeg beklede bakvorm. Bestrooi met de geschaafde amandelen. Bak in 40 min. op 180 °C. Lekker met crème fraîche of Griekse yoghurt.

JE HEBT NODIG

- ★ basisrecept deeg* (zie pagina 147)
- ★ 200 g rabarber, gesneden
- ★ 100 g aardbeien
- ★ 3 eieren
- ★ geschaafde amandelen, ongeroosterd

Frisse MonChou-hazelnoottaart*

DE BODEM

Meng alle ingrediënten door elkaar en druk deze in een ronde bakvorm die je vooraf hebt bekleed met bakpapier. Zet dit in de koeling.

DE VULLING

Kook de abrikozen in een beetje water in ongeveer 15 min. tot een zachte massa. Pureer dit met de staafmixer en laat afkoelen. Klop vervolgens de slagroom en zet deze koel weg. Klop de Mon Chou met de bananen*, abrikozenmousse, sinaasappelsap, limoensap en de rasp tot een homogene, luchtige massa. Spatel de slagroom erdoor. Verdeel dit mengsel over de bodem en laat ongeveer 8 uur opstijven.

TIP MAAK DEZE TAART 1 DAG VAN TEVOREN EN BEKLEED DE HELE BAKVORM MET BAKPAPIER ZODAT JE DE TAART ER GEMAKKELIJK UIT KUNT TILLEN.

JE HEBT NODIG

VOOR DE BODEM

- ★ 200 g gehakte hazelnoten
- ★ 150 g gesmolten roomboter
- ★ 100 g fijngehakte dadels*
- ★ 100 g havervlokken

VOOR DE VULLING

- ★ 100 g gedroogde abrikozen, in stukjes
- ★ 250 ml slagroom, geklopt zonder suiker
- ★ 3 pakjes Mon Chou
- ★ 2 rijpe bananen*
- ★ sap van 1 sinaasappel
- ★ sap van een halve limoen
- ★ rasp van 1 sinaasappel (schil)
- ★ rasp van 1 limoen (schil)

Choco-kokoskoekjes van Joyce*

JOYCE NEUTEL IS ORTHOMOLECULAIR THERAPEUT IN OPLEIDING EN OPRICHTSTER VAN DE FACEBOOKGROEP 'SUIKERVRIJE RECEPTEN', WAARIN ALLERLEI HEERLIJKE 'SUGARCHALLENGE-PROOF' RECEPTEN WORDEN GEDEELD. JE KUNT GRATIS LID WORDEN VAN DEZE GROEP!

JE HEBT NODIG

- 150 g geraspte kokos
- 50 ml volle yoghurt
- 50 ml sinaasappelsap
- 3 eieren
- 1½ tl steviapoeder, of 2 el kokosbloesemsuiker*
- 1 tl vanillepoeder
- pure chocolade (72% of meer), in kleine stukjes gebroken*

Joyce: *'Leven zonder suiker is best even omschakelen, maar als je bedenkt wat de voordelen zijn voor je gezondheid dan is het de moeite dubbel en dwars waard! De lastigste momenten voor mij om suikervrij te eten zijn de koffie- en theemomenten met visite of op een feestje. Voor mijn gevoel hoort daar toch echt wat lekkers bij. Maar de lekkernijen die dan rondgaan passen doorgaans niet bij een suikervrije leefstijl. Gelukkig is er genoeg verantwoord lekkers zelf te maken dat je gewoon mee kunt nemen als er wat te vieren valt. Of voor zomaar tussendoor als je ineens trek krijgt in iets lekkers. Zo kom je ook niet zo snel in de verleiding. Dit koekje is echt mijn favoriet. Vooral ook omdat het zo eenvoudig en snel te maken is met ingrediënten waar ik zelf dol op ben en die ik eigenlijk altijd in huis heb. Deze koekjes blijven een paar dagen goed. Je kunt ze eventueel ook invriezen.'*

Verwarm de oven voor op 170 °C en bekleed de bakplaat met bakpapier. Roer alle ingrediënten door elkaar. Maak van dit mengsel kleine hoopjes op het bakpapier; druk ze plat tot ½ - 1 cm dikte. Je kunt er zo'n 15 koekjes van vormen. Bak ze 20-25 min. maar laat ze niet te donker worden. Houd er rekening mee dat de koekjes na het bakken nog iets donkerder worden.

EXTRA zodra de koekjes uit de oven komen, draai je ze om en leg je op elk koekje een stukje pure chocolade. Je kunt zelf kijken hoe dik je de chocoladelaag wilt hebben. Door de hitte smelt de chocolade en laat die zich gemakkelijk uitsmeren over de onderkant van het koekje. Laten afkoelen en... klaar, smullen maar!

Basisrecept voor vanillecake*

Meng het amandelmeel met de melk, eieren, honing, vanillepoeder, zout en worteljulienne. Roer de roomboter erdoor. Spatel als laatste het wijnsteenbakpoeder door het beslag (vlak voordat je het in de oven zet). Doe het beslag in een ingevette bakvorm en dek af met aluminiumfolie. Bak een halfuur op 180 °C en verwijder dan het folie. Bak vervolgens nog ongeveer een halfuur.

JE HEBT NODIG

- ★ 170 g amandelmeel
- ★ 100 ml amandelmelk
- ★ 6 eieren
- ★ 2 el honing*
- ★ 2 tl vanillepoeder
- ★ 140 g worteljulienne (om het luchtiger te maken)
- ★ 90 g roomboter, gesmolten
- ★ 1 el wijnsteenbakpoeder
- ★ snufje zout

CAKEVARIATIETIPS

★ **APPEL-KANEELCAKE*** schil 3 appels, snijd deze in kleine blokjes, bestrooi deze flink met kaneel en een klein beetje meel. Meng dit door het beslag.

★ **CHOCOLADEMARMERCAKE*** meng 3 eetlepels cacaopoeder door de helft van het deeg. Doe het witte deeg in de cakevorm en doe daaroverheen het chocoladedeeg.

★ **VRUCHTENMUFFINS*** voeg aan het basiscakedeeg grofgehakte stukjes gedroogd fruit, kokossnippers en citroenrasp toe. Doe dit in cakevormpjes

★ **CHOCOLADEMUFFINS*** hak 1 tablet pure chocolade (70% of meer)* in stukjes en spatel deze samen met 3 eetlepels cacaopoeder door het basiscakedeeg. Doe dit in cakevormpjes.

Tina's dadel*-sinaasappeltaart

SUGARCHALLENGE-LID TINA KUIJPER WAS ALTIJD EEN ENORME ZOETEKAUW.
SINDS HAAR DEELNAME AAN DE SUGARCHALLENGE IS BIJ HAAR OOK HET 'ROER OM'...
TINA GEEFT AYURVEDISCHE EN TEGENWOORDIG OOK SUIKERVRIJE KOOKWORKSHOPS!

Tina: *'Ik ben een zoetekauw. Er gaat geen dag voorbij of ik eet wel iets zoets. Nu weet ik als ayurvedisch voedingsadviseur heus wel dat koekjes uit de winkel en veel chocola niet goed voor je zijn, maar ik kan er niet van afblijven! Twee weken geleden, toen ik het zoveelste stuk chocola in mijn mond stak, dacht ik: waar ben ik nou mee bezig? Ik wilde iets veranderen, maar wist niet hoe. Op internet kwam ik bij toeval (of niet?) terecht bij het boek* 100% suikervrij in 30 dagen *van Carola. Ik heb het besteld, gelezen ("verslonden" is misschien een beter woord) en heb direct de knop omgezet: geen suiker meer! En het valt me zo ontzettend mee. Ik stuiter van de creativiteit (niet meer van de suiker), sta iedere dag in de keuken om naar alternatieven te zoeken, speur webpagina's en blogs af op zoek naar recepten en verander die dan weer naar mijn eigen smaak. Deze taart is hiervan een goed voorbeeld. Het originele recept bevat veel suiker. Ik heb het aangepast en het is meteen een van mijn favorieten geworden.'*

JE HEBT NODIG

- ★ 65 g gedroogde abrikozen
- ★ 100 g biologische dadels*, zonder pit
- ★ geraspte schil en sap van 1 perssinaasappel
- ★ 250 g kikkererwten (uitlekgewicht)
- ★ 65 g havermout
- ★ 1½ el kokosvet
- ★ 1 tl wijnsteenbakpoeder
- ★ snufje zout
- ★ geraspte nootmuskaat
- ★ 1 tl kaneel

Verwarm de oven voor op 175 °C. Knip de gedroogde abrikozen in vier stukken. Haal de pitten uit de dadels en hak de dadels grof. Boen de sinaasappel en rasp de schil. Pers dan het sap eruit.

Doe nu alle ingrediënten in een keukenmachine (niet met de staafmixer proberen) en laat draaien tot je een mooie gladde massa hebt.

Doe de massa over in een taartvorm van 20 cm doorsnede, waarvan je de bodem hebt bekleed met bakpapier. Bak de taart 35 min. in de voorverwarmde oven.

Eet het met hangop van uitgelekte yoghurt, gezoet met versgemalen steviablad en een beetje oranjebloesemwater.

Linda's bananen-chocoladecake*

De droom van iedere vrouw is deze cake van mijn vriendin Linda. Eenmaal op tafel moet ie gewoon OP! Deze cake is niet geheel suikervrij, maar zo lekker dat ik 'm je niet wilde onthouden. Maak 'm daarom echt af en toe als extra traktatie. Je kunt 'm ook prima in stukjes snijden en een deel invriezen!

Meng het amandelmeel en het kokosmeel met melk, eieren, honing*, zout en vanillepoeder. Prak de bananen* en meng deze door het beslag. Roer de roomboter erdoor. Hak de chocolade* in kleine stukjes en spatel deze voorzichtig door het beslag. Doe als laatste het wijnsteenbakpoeder door het beslag (vlak voordat je de cake in de oven zet). Doe het beslag in een ingevette bakvorm en dek af met aluminiumfolie. Bak een halfuur op 180 °C en verwijder dan het folie. Bak vervolgens nog ongeveer een halfuur.

JE HEBT NODIG

- ★ 90 g amandelmeel
- ★ 80 g kokosmeel
- ★ 100 ml amandelmelk
- ★ 6 eieren
- ★ 2 el honing*
- ★ snufje zout
- ★ 1 tl vanillepoeder
- ★ 3 rijpe, zachte bananen*
- ★ 90 g roomboter, gesmolten
- ★ 1 tablet chocolade, 72% of hoger*
- ★ 1 el wijnsteenbakpoeder

Flappen en pasteitjes

ZOETE FLAPPEN ZIJN HEEL HANDIG OM TE TRAKTEREN, NET ALS HARTIGE PASTEITJES (DEZE ZIJN OOK LEKKER OM MEE TE NEMEN ALS LUNCH OF TE ETEN ALS DINER MET EEN FRISSE SALADE). ALS JE EEN ZOETE VULLING GEBRUIKT, NOEM IK HET EEN 'FLAP' EN MET EEN HARTIGE VULLING EEN 'PASTEI'. HET BELANGRIJKSTE IS DAT JE EEN GOED BASISDEEG HEBT EN DAARNA KUN JE EINDELOOS VARIËREN!

Basisrecept deeg

JE HEBT NODIG

- ★ 125 g kikkererwtenmeel
- ★ 125 g quinoameel
- ★ 125 g koude roomboter (let op: de verhouding meel en roomboter is altijd 2 delen meel, 1 deel roomboter; houd daar rekening mee als je meer deeg wilt maken)
- ★ 1 ei
- ★ een paar snufjes zout
- ★ een klein beetje koud water

Als je een zoete flap wilt maken, kun je ervoor kiezen om 1 uitgeperste sinaasappel of een eetlepel honing aan het deeg toe te voegen. Voor de hartige pasteitjes is het heel lekker om wat verse peterselie of koriander aan het deeg toe te voegen. Meng het kikkererwtenmeel, quinoameel, de roomboter, het ei en het zout door elkaar. Voeg druppelsgewijs een klein beetje water toe totdat het een bal wordt. Let op: de bal mag niet plakken. Voeg nog wat quinoameel toe als de bal plakt. Laat dit deeg vervolgens een halfuurtje rusten in de koelkast. Rol het deeg uit en snijd er vierkantjes of rondjes uit die groot genoeg zijn om dubbelgevouwen te worden met wat vulling erin. Maak jouw vulling klaar en leg een eetlepel in het midden; vouw vervolgens dubbel. Zet het geheel ongeveer 30 min. in een voorverwarmde oven op 180 °C.

ZOETE VARIATIETIPS VOOR VULLING

- ★ **HOLLANDSE APPEL-KANEELFLAP** met appel, rozijnen*, kaneel.
- ★ **TROPISCHE FLAP** met abrikoos, banaan* en kokos.
- ★ **ZOETE NOTENFLAP** met diverse gemengde gehakte noten, stukjes dadel* en blokjes fetakaas.

Hartige pasteitjes

VUL EENS EEN AANTAL PASTEITJES MET EEN VAN DEZE VULLINGEN

★ **NOTEN-SPINAZIEPASTEITJE** warm een handje noten samen met drie handen spinazie even kort samen op in de pan met een teentje knoflook en een fijngesneden uitje.

★ **PASTEITJE MET CHAMPIGNONS EN PREI** snijd een bakje champignons en 1-2 preien fijn. Bak ongeveer 15 min. in de pan met een teentje knoflook. Meng op het laatst een flinke hand verse koriander erdoor.

★ **PASTEITJE MET PESTO EN FETAKAAS** maak verse pesto (zie pagina 133) en meng dit in een schaal met blokjes fetakaas.

Het 'moderne wecken'

IK ZAL NOOIT HET 'GROTE WECK-EXPERIMENT' VAN MIJN MOEDER VERGETEN. OP EEN DAG STOND MIJN MOEDER IN ONZE KEUKEN, DIE GEVULD WAS MET WECKPOTTEN EN RUBBEREN RINGETJES. PANNEN VOL MET ETEN UIT ONZE MOESTUIN MOESTEN WORDEN INGEMAAKT. HET WAS EEN ENORM GEDOE, DAT WEET IK NOG WEL. MAAR JA, DAN HEB JE OOK WAT... TOCH VIND IK HET ERGENS WEL IETS MAGISCH HEBBEN, NOSTALGISCH OOK. IK WAS DAN OOK BLIJ VERRAST TOEN IK HOORDE DAT WECKEN TEGENWOORDIG OOK OP EEN ANDERE MANIER KAN: IN DE AFWASMACHINE (JAWEL!). DE TIP KWAM VAN BEATE DE HAAN, ENTHOUSIAST SUGARCHALLENGER VAN HET EERSTE UUR. BEATE WEET ALLES VAN KRUIDEN EN IS ALTIJD WEL IN VOOR EEN EXPERIMENTJE IN DE KEUKEN. OP DEZE MANIER HEEFT ZE OOK DEZE MODERNE INMAAKTECHNIEK ONTDEKT.

Beate: 'Voordat ik aan de Sugarchallenge begon, stond mijn rek in de kelder vol met potjes jam. Ik houd namelijk van het maken van jam. Ervan eten doe ik maar heel af en toe. Vooral het reduceren van suiker in de receptuur en het toevoegen van lekkere kruiden stemt mij vrolijk. Met de start van de Sugarchallenge behoorden de kruidige jammetjes echter tot de verleden tijd. Vorige zomer werd er dan ook geen jam gemaakt; al het fruit uit de tuin ging de vriezer in. Ik maakte appelcompote en rabarbercompote en heb de verse aardbeien, bessen en bramen ingevroren.

Deze zomer was mijn kleine diepvrieskastje dan ook al snel vol. Het eind van de rabarber was bijna in zicht, maar de bessen, bramen en appels moesten nog komen. Ik moest dus iets verzinnen. Gelukkig had ik de oplossing al in huis: een mand lege jampotten en... een afwasmachine. Mijn rek in de kelder is weer gevuld, maar nu met in de vaatwasser ingemaakt fruit. Zo staat er nu rabarber met rozijntjes en kaneel, gemengde rode vruchten en heerlijke appelvarianten. Deze blijven niet staan, zoals de potjes jam; ik gebruik ze bijna dagelijks. Een jampot gaat twee ontbijtjes mee, het sap gebruik ik om 's avonds mijn havervlokken in te weken, 's ochtends roer ik het door en het ingemaakte fruit komt er dan bovenop met eventueel nog granola, noten, zaden of waar ik maar zin in heb.

HET WERKT ALS VOLGT

Je kiest mooi fruit uit; hoe rijper hoe zoeter. Maar pas op: erg rijp fruit heeft ook snel rotte plekjes en die wil je niet hebben. Bessen laat je heel, rabarber en groot fruit snijd je in plakjes. Je vult een schone jampot (liefst even uitgekookt met soda) met het rauwe fruit. Voeg aan zuur fruit wat smaakmakers of zoetmakers toe. Denk aan:

★ een theelepeltje kaneel en tien rozijnen
★ twee of drie aardbeien
★ een paar blaadjes stevia
★ een halve appel in stukjes
★ een mespuntje vanillepoeder

Als alle potten gevuld zijn, giet dan kokend water over het fruit; dat mag echt tot aan de rand van de pot. Sluit vervolgens de deksels goed af en zet de potten rechtop in de vaatwasser met het heetste programma. Oudere machines hebben een 90 °C programma maar die van mij heeft een programma van 90 minuten op 70 °C en dat werkt prima.
De potjes geven een klik als ik ze open en de rabarber is goed gaar zonder dat de stukjes uit elkaar vallen. Zorg er wel voor dat de potten zo heet mogelijk de vaatwasser ingaan. Ik heb een flinke hoeveelheid kokend water op voorraad staan zodat ik de potten snel achter elkaar kan afvullen en afsluiten. Als het programma afgelopen is, kun je de potten laten afkoelen en opbergen. Pas als een pot geopend is, moet je hem in de koelkast bewaren. Omdat er helemaal geen suiker is toegevoegd zou ik het na opening binnen twee dagen opeten.'

5 Bijlagen

Bijlage 1: De leefregels van iedere Sugarchallenge-fase

Fase 1: de voorbereidingsfase

- ★ Bouw het aantal tussendoortjes dat je eet af tot maximaal 1 per dag.
- ★ Laat zoveel mogelijk de pakjes, bakjes en zakjes staan en kies voor zo puur mogelijk voedsel met zo min mogelijk (liefst geen) (kunstmatige) toevoegingen en E-nummers.
- ★ Bouw voeding die suiker of kunstmatige zoetstoffen bevat af.
- ★ Bouw suiker in de koffie af en stop met het drinken van frisdranken, zuiveldranken en vruchtensappen.
- ★ Drink veel water, goed verdeeld over de dag en bouw dit op naar de voor jou geschikte hoeveelheid water per dag.

Fase 2: de suikervrije fase (Sugarchallenge)

VOLG DE REGELS UIT DE VOORBEREIDINGSFASE EN BREID DEZE UIT MET ONDERSTAANDE SPELREGELS

- ★ Eet gedurende 30 dagen geen (toegevoegde) suikers of producten die zich in je lichaam gedragen als suiker (zie ook bijlage 3).
- ★ Eet waar mogelijk verse producten: groente, fruit, verse kruiden, gevogelte, vis, noten, zaden, af en toe sojaproducten of vlees, zuivel van schaap of geit, gezonde granen en soms aardappelen.
- ★ Eet per maaltijd 1 vuist met eiwitten, 1 vuist koolhydraten of granen en 2 vuisten groente.
- ★ Eet maximaal 1 gezond tussendoortje op een dag.
- ★ Combineer (langzame) koolhydraten altijd met een eiwit of voldoende gezonde vetten.
- ★ Kies voor de volle producten en vermijd lightproducten.
- ★ Eet fruit bij of vlak na de maaltijd en neem maximaal 3 porties fruit per dag.
- ★ Drink dagelijks voldoende water.
- ★ Eet iedere dag voldoende gezonde vetten!
- ★ Eet niets meer na 21.00 uur.

Fase 3: de suikerbewuste fase

VOLG DE REGELS UIT DE VORIGE TWEE FASEN EN VOEG HEEL VOORZICHTIG WEER WAT (GEZONDE) SUIKERS TOE AAN JE EETPATROON. BREID DIT VERDER UIT MET ONDERSTAANDE REGELS

★ Geniet maximaal 20 procent van de tijd van gezonde suikers en eet 80 procent suikervrij.
★ Kies voor de natuurlijke zoetstoffen groene stevia, koudgeslagen biologische honing, kokosbloesemsuiker, palmsuiker, yakonsiroop of gedroogde zuidvruchten zoals abrikozen, dadels, vijgen, bananen en rozijnen.
★ Als je ervoor kiest om na jouw Sugarchallenge weer brood te gaan eten, eet dan maximaal 2 (voorkeur volkorenspelt) boterhammen per dag en beleg ze duimendik met een gezonde portie eiwitten en groente. Uiteraard kun je er ook voor kiezen om zuurdesembrood te blijven eten.
★ Drink wekelijks maximaal 1-2 glazen versgeperst vruchtensap.
★ Eet eventueel weer meerdere gezonde tussendoortjes per dag (let op: doe dit alleen als je jouw gezonde gewicht hebt bereikt).

Bijlage 2: Glycemische index en glycemische lading

HET IS MET KOOLHYDRATEN EN JE BLOEDSUIKERSPIEGEL EIGENLIJK HEEL EENVOUDIG: ER ZIJN KOOLHYDRATEN DIE SNEL IN JE LICHAAM WORDEN OPGENOMEN EN DUS ZORGEN VOOR EEN SNELLE STIJGING VAN JE BLOEDSUIKERSPIEGEL, EN ER ZIJN KOOLHYDRATEN DIE LANGZAAM IN JE LICHAAM WORDEN OPGENOMEN. DE LAATSTGENOEMDE GROEP HELPT JE LICHAAM OM DE BLOEDSUIKERSPIEGEL IN BALANS TE HOUDEN EN LEVERT DE HOOGWAARDIGE BRANDSTOF DIE ONS LICHAAM NODIG HEEFT.

De snelheid waarmee een koolhydraat in je lichaam wordt omgezet in suiker (en dus je bloedsuikerspiegel beïnvloedt) is terug te vinden in de glycemische index en glycemische lading. Dit zijn twee meeteenheden die aangeven in hoeverre een bepaald voedingsmiddel je bloedsuikerspiegel beïnvloedt.

HOME MADE
Candy

Glycemische index (GI)

De GI is een indicator van de kwaliteit van de koolhydraten die een product bevat en geeft aan hoe snel een product in je bloed wordt omgezet in suikers. Het is dan ook een belangrijk hulpmiddel bij het bepalen of een koolhydraat 'snel' is of 'langzaam'.

Glycemische lading (GL)

De GL is een indicator die niet alleen kijkt naar de kwaliteit, maar ook naar de hoeveelheid koolhydraten die een product bevat. Zo kan het zijn dat een product dat wel veel (relatief) snelle koolhydraten bevat (en dus een hoge GI-score heeft) toch een lage GL-score heeft, omdat het aantal koolhydraten in het product minimaal is. De GL geeft dan ook een veel beter beeld van het effect dat een voedingsmiddel heeft op de bloedsuikerspiegel.

BINNEN DE GI EN GL ZIJN GLOBAAL DRIE CATEGORIEËN TE BENOEMEN

★ **CATEGORIE 1** deze bevat alle producten met een GI onder 35 en/of een GL onder 10. Producten uit deze categorie kun je onbeperkt eten en ze helpen je om je bloedsuikerspiegel in balans te brengen. In Sugarchallenge fase 1 en 2 kun je hieruit onbeperkt kiezen. Uiteraard mits ze vrij zijn van toegevoegde suikers.

★ **CATEGORIE 2** deze bevat alle producten met een GI van 35-55 en/of een GL van 10-15. Kies af en toe een product uit deze categorie, maar doe dit met mate en pas als je bloedsuikerspiegel weer goed in balans is. Vanaf Sugarchallenge fase 3 kun je af en toe uit deze categorie kiezen.

★ **CATEGORIE 3** deze bevat alle producten met een GI boven 55 en/of een GL boven 15. Dit is de categorie die ik 'feesten en partijen' noem. Kies deze producten echt alleen bij feestmomenten en blijf er verder vanaf. Vanaf Sugarchallenge fase 3 kun je bij speciale gelegenheden uit deze categorie kiezen.

Ingrid 'Als arts geef ik het Sugarchallenge-programma een 8. Ik vind het samen met je boek baanbrekend werk in een tijd waarin vele klachten en ziekten zijn toe te wijzen aan leefstijl en voeding. Ga zo door!'

Bijlage 3: Producten en hun glycemische index en glycemische lading

ONDERSTAANDE TABEL GEEFT JE EEN OVERZICHT VAN DE MATE WAARIN EEN PRODUCT ZICH IN JE BLOED GEDRAAGT ALS SUIKER. EEN UITGEBREIDE TABEL KUN JE VINDEN OP DE SUGARCHALLENGE-WEBSITE OF JE KUNT DE SUIKERTELLER-APP GEBRUIKEN OP FACEBOOK.

Bron: R. Mendosa. Revised international table of glycemic index (GI) and glycemic load (GL) values, 2002; gebaseerd op K. Foster-Powell, S.H.A. Holt, J.C. Brand-Miller, International tables of glycemic index and glycemic load values. Am J ClinNutr 2002; 76:5-56.

GLYCEMISCHE INDEX (GI) EN GLYCEMISCHE LADING (GL)

	GI PER PORTIE	AANTAL	GL PER PORTIE
ZOETMIDDELEN			
Glucose	100	10 gr	10
Sucrose	70	10 gr	7
Honing	70	10 gr	3
Lactose	45	10 gr	5
Fructose	20	10 gr	2
TUSSENDOORTJES			
Evergreen met krenten (Lu)	66 ± 12	38 gr	14
Popcorn (zonder suiker)	65	20 gr	8
Gebak	60	57 gr	15
Chips	55	50 gr	11
Chocoladereep (melk)	45	50 gr	12
Chocoladereep (puur, >70% cacao)	22	50 gr	6,5
Pinda's	15	50 gr	1

	GI PER PORTIE	AANTAL	GL PER PORTIE
DRANKEN			
Bier	110	250 gr	14
Cola	70	250 gr	19
Sinaasappelsap (ongezoet)	50 ± 10	250 gr	13
Grapefruitsap (ongezoet)	48	250 gr	11
Appelsap (ongezoet)	40	250 gr	12
Tomatensap	40	250 gr	4
GRAANPRODUCTEN			
Gierst	70	150 gr	25
Couscous (5 min. gekookt)	65	150 gr	23
Rijst (bruin, voorgekookt, 20 min. gekookt)	65	150 gr	23
Rijst (basmati, 10 min. gekookt)	60	150 gr	23
Boekweit	55	150 gr	16
Rijst (wit, voorgekookt, gem. gekookt)	45	150 gr	17
Bulgur	48	150 gr	12
Spaghetti (wit, 10-15 min. gekookt)	45	180 gr	21
Spaghetti (volkoren, gem. gekookt)	35	180 gr	16
Quinoa	35	150 gr	9,5
Stokbrood (wit)	95	30 / 60 gr	15 / 30
Tarwebrood (wit)	70	30 / 60 gr	10 / 20
Tarwebrood (volkoren)	70	30 / 60 gr	9 / 18
Melkbrood (wit)	63	30 / 60 gr	10 / 20
Roggebrood (volkoren)	60	30 / 60 gr	8 / 16
Cornflakes	85	30 / 60 gr	21 / 42
Melbatoast	70	30 gr	16
Creamcracker	65 ± 11	30 gr	13
Muesli	55	30 / 60 gr	10 / 20

	GI PER PORTIE	AANTAL	GL PER PORTIE
BINDMIDDELEN			
Maïzena	70	15 gr	9,25
Arrowroot	63	15 gr	8
Peulvruchten			
Bruine bonen	40	150 gr	6,5
Bruine linzen	30	150 gr	8
Kikkererwten	30	150 gr	10
Groene linzen	22	150 gr	5,5
Spliterwten	22	150 gr	7,5
AARDAPPELEN EN GROENTE			
Frieten	95	150 gr	22
Aardappelen (gebakken)	85	150 gr	26
Aardappelpuree	85	150 gr	15
Aardappelen (gekookt)	60	150 gr	14
Wortel (gekookt)	85	100 gr	6
Tuinbonen	80	100 gr	5,5
Pompoen	75	100 gr	5
Meiknolletjes	70	100 gr	2
Bieten	65	100 gr	5
Bataat	50	100 gr	10
Doperwten (vers)	40	100 gr	4
Wortel (rauw)	35	100 gr	2,5
Sperziebonen	30	100 gr	1,5
Bladgroente, alle soorten sla, kool, champignons, ui, tomaten, aubergine, paprika, broccoli	10 of lager	100 gr	1 of minder
FRUIT, VERS EN ONGEKOOKT			
Watermeloen	75	120 gr	6,5
Ananas	59 ± 8	120 gr	7
Abrikozen	57	120 gr	5
Kiwi	53 ± 6	120 gr	6
Banaan	52 ± 4	120 gr	12

	GI PER PORTIE	AANTAL	GL PER PORTIE
Mango	51 ± 5	120 gr	8
Druiven	45	120 gr	8
Grapefruit	45	120 gr	8
Sinaasappel	42 ± 3	120 gr	5
Perzik	42 ± 14	120 gr	5
Appel	40	120 gr	6
Peer	40	120 gr	4
Aardbei	40 ± 7	120 gr	1
Pruimen	39 ± 15	120 gr	5
Kersen	20	120 gr	3
GEDROOGD FRUIT			
Dadels	103 ± 21	60 gr	42
Rozijnen	64 ± 11	60 gr	28
Vijgen	61	60 gr	16
Abrikozen	31	60 gr	9
Appeltjes	29	60 gr	10
Pruimen	29	60 gr	10
Jam ('klassiek')	65	20 gr	9
Fruitbeleg (jam zonder toegevoegde suiker)	30	20 gr	2,5
ZUIVEL			
Volle yoghurt	35	200 gr	3
Magere yoghurt	35	200 gr	1
Magere melk	30	250 gr	4
Volle melk	27	250 gr	3

Daar waar verschillende onderzoeken verschillende resultaten gaven (afhankelijk van bijvoorbeeld tijdstip, persoon of ras (bij bijvoorbeeld fruit)) is de afwijking met ± aangegeven.
Een uitgebreide lijst (Engelstalig) is te vinden op www.mendosa.com
(diabetes articles> food >glycemic index >GIand GL lists).

Bijlage 4: Overzicht van te vermijden suikers en zoetstoffen

TE VERMIJDEN SUIKERS

- ★ Basterdsuiker
- ★ Cassonade
- ★ Demerara
- ★ Dextrose
- ★ Druivensuiker
- ★ Fructosestroop
- ★ Geleisuiker
- ★ Glucose-fructosestroop
- ★ Glucosestroop
- ★ Invertsuiker
- ★ Kandij(suiker)
- ★ Karamel
- ★ Kristalsuiker
- ★ Malt
- ★ Maltodextrine
- ★ Melasse(stroop)
- ★ Rietsuiker
- ★ Sacharose
- ★ Sucrose
- ★ Vanillesuiker

TE VERMIJDEN ZOETSTOFFEN

- ★ Acesulfaam-K
- ★ Aspartaam
- ★ Cyclamaten
- ★ Sorbitol
- ★ Splenda
- ★ Sucralose
- ★ Sukrin
- ★ Tagatose
- ★ Xylitol

TIP
OP DE SUGAR-CHALLENGE-WEBSITE KUN JE GRATIS DE SUIKER-SPIEKPAS DOWNLOADEN MET DAAROP ALLE VEELVOORKOMENDE SUIKERSPIEKNAMEN. PRINT 'M UIT, VOUW 'M DUBBEL EN STOP 'M IN JE PORTEMONNEE!

Bijlage 5: Supplementen voor een gezonde bloedsuikerspiegel

DE ONDERSTAANDE SUPPLEMENTEN EN KRUIDEN DRAGEN BIJ AAN EEN OPTIMALE WERKING VAN JE METABOLISME EN HELPEN JE OM SNELLER JE BLOEDSUIKERSPIEGEL IN BALANS TE BRENGEN EN TE HOUDEN. DE MEESTE SUPPLEMENTEN WERKEN HET BESTE ALS JE ZE INNEEMT BIJ DE MAALTIJD.

Belangrijk: kies voor kwalitatief hoogwaardige supplementen die verkrijgbaar zijn bij de betere natuurwinkel of gezondheidswinkel. Op die manier weet je zeker dat je de aanvulling zo zuiver mogelijk binnenkrijgt en op kunt nemen. (Let op: heb je serieuze gezondheidsklachten en/of gebruik je medicatie, overleg dan altijd met je arts voordat je supplementen gaat gebruiken!)

Als basissupplementen gebruik ik zelf omega-3, magnesium en vitamine C waardoor ik duidelijk minder last heb van hongergevoelens en suikercravings.

1. Magnesium

Vooral belangrijk als je veel stress hebt. Helpt bij het verlagen van de insuline in je bloed en helpt de cellen om beter glucose op te kunnen nemen en om te zetten in energie.

2. Omega-3

Werkt ontstekingsremmend, verhoogt insulinegevoeligheid en helpt bij het verbeteren van de stofwisseling. Daarnaast ondersteunen omega-3-vetten tal van lichaamsprocessen en zorgen ze voor een goede 'interne' communicatie in de hersenen.

3. 5-HTP

Dit is de grondstof voor de aanmaak van het 'feel good-hormoon' serotonine in de hersenen. Een tekort aan serotonine zorgt ervoor dat je behoefte krijgt aan suiker en snelle koolhydraten. Ook kan een tekort zorgen voor depressieve gevoelens en een toename van hongergevoelens. 5-HTP neemt je hongergevoel en trek in suikers weg en zorgt dat je lekkerder in je vel zit. Let op: dit supplement kun je niet nemen in combinatie met antidepressiva.

4. Vitamine C

Helpt je lichaam om de bloedsuikerspiegel beter in balans te houden en verhoogt de vetverbranding.

5. ALA (Alpha Lipoic Acid)

ALA verbetert de energie in je cellen en helpt om je bloedsuikerspiegel te verlagen en je lever te reinigen.

6. Chroom

Werkt samen met de insuline in je bloed en helpt de insuline bij de opname van glucosesuikers door het lichaam. Hierdoor verhoogt de insulinegevoeligheid en verbetert de suikerstofwisseling. Chroom ondersteunt tevens de aanmaak van meer insulinereceptoren waardoor het lichaam de bloedsuikerspiegel beter kan stabiliseren. Het zorgt voor minder honger en ondersteunt de opbouw van spiermassa en afbraak van vetmassa.

7. Multivitamine

Zorgt ervoor dat het lichaam de voedingsstoffen beter kan opnemen en bevat daarnaast de broodnodige vitaminen en mineralen die nodig zijn voor een gezonde bloedsuiker- en energiehuishouding. Ook verbetert het je vetverbranding.

8. Biotine

Deze B-vitamine verbetert de insulinegevoeligheid en helpt het lichaam om beter vet te verbranden doordat het de triglyceriden (zwevende vetdeeltjes) in het bloed verlaagt. Ook draagt het bij aan een gezond cholesterolgehalte.

9. Groene thee

Helpt om de bloedsuikerspiegel in balans te houden, verhoogt de vetverbranding en draagt bij aan optimalisatie van de stofwisseling.

10. Kaneel

Verhoogt de insulinegevoeligheid van het lichaam en helpt om de bloedsuikerspiegel in balans te houden.

11. Bosbessenblad

Het gedroogde blad van de bosbessenplant is een geweldig hulpmiddel bij het op peil brengen en houden van de bloedsuikerspiegel. Je kunt er heerlijke thee van maken en hiervan dagelijks één of meerdere kopjes drinken, bij voorkeur voor de maaltijd. Omdat het echt enorme effecten kan hebben op je bloedsuikerspiegel is het belangrijk dat je niet ineens enorme hoeveelheden hiervan gaat consumeren.

Bijlage 6: De gezondheidsrisico's van suiker

SUIKER IS VEROORZAKER VAN HEEL VEEL KLACHTEN EN ONGEMAKKEN. ONDERSTAAND OVERZICHT IS BIJGEDRAGEN DOOR DRS. IN DE GENEESKUNDE, AUTEUR ÉN SUGARCHALLENGE-GROEPSLID RICHARD DE LETH. DEZE LIJST KOMT UIT ZIJN BOEK *OERSTERK* EN IS EEN GREEP UIT DE DUIZENDEN ONDERZOEKEN DIE BESCHIKBAAR ZIJN MET BETREKKING TOT DE SCHADELIJKE EFFECTEN VAN LANGDURIGE (TE HOGE) SUIKERCONSUMPTIE.

- ★ Suiker kan het immuunsysteem onderdrukken. Het maakt je vatbaarder voor infectieziekten.
- ★ Suiker verstoort de mineraalbalans in het lichaam. Het veroorzaakt een tekort aan chroom en koper en interfereert met de opname van calcium en magnesium.
- ★ Suiker kan zorgen voor een snelle stijging van adrenaline, hyperactiviteit, angsten en concentratiestoornissen bij kinderen.
- ★ Suiker kan het totale cholesterol, triglyceriden (bloedvetten) en het slechte (LDL-) cholesterol significant laten stijgen, en het goede (HDL-) cholesterol laten dalen.
- ★ Suiker veroorzaakt verlies van weefselelasticiteit en -functie.
- ★ Suiker voedt kankercellen en wordt in verband gebracht met borstkanker, prostaatkanker, rectumkanker, alvleesklierkanker, kanker van de galwegen, longkanker, galblaaskanker en maagkanker.
- ★ Suiker kan de nuchtere bloedglucose laten stijgen en reactieve hypoglykemie veroorzaken.
- ★ Suiker kan je zicht (visus) verzwakken.
- ★ Suiker kan veel spijsverteringsproblemen veroorzaken. Het verzuurt het maag-darmstelsel en geeft indigestie, verminderde opname bij patiënten met een functionele darmaandoening. Dit verhoogt de kans op de ziekte van Crohn en colitis ulcerosa.
- ★ Suiker kan vroegtijdige veroudering veroorzaken. In feite is insuline de belangrijkste factor die veroudering veroorzaakt. Insuline komt door suiker vrij.
- ★ Suiker kan tot alcoholisme leiden.

★ Suiker kan het speeksel verzuren, en veroorzaakt tandverval en tandvleesaandoeningen.
★ Suiker draagt bij aan overgewicht.
★ Suiker kan auto-immuunziekten uitlokken zoals artritis, astma en multiple sclerose (MS).
★ Suiker is een grote stimulator van de ongecontroleerde groei van de schimmel Candida albicans.
★ Suiker kan galstenen veroorzaken.
★ Suiker kan blindedarmontsteking (appendicitis) veroorzaken.
★ Suiker kan aambeien veroorzaken.
★ Suiker kan spataderen veroorzaken.
★ Suiker kan de reactie op glucose en insuline veranderen.
★ Suiker kan bijdragen aan botontkalking (osteoporose).
★ Suiker kan een afname in de insulinegevoeligheid veroorzaken, wat voor een verhoging van het hormoon insuline zorgt, wat tot metabool syndroom en diabetes kan leiden.
★ Suiker kan het vitamine E-gehalte verlagen.
★ Suiker kan de systolische bloeddruk (bovendruk) verhogen.
★ Suiker kan sufheid en verminderde alertheid bij kinderen veroorzaken.
★ Een hoge suikerinname verhoogt de AGE's (advanced glycation end products). Dit zijn suikermoleculen die zich binden en hierdoor schade veroorzaken aan eiwitten in het lichaam. AGE's versnellen het verouderingsproces, welke bijdragen aan een veelvoud aan chronische en fatale aandoeningen.
★ Suiker kan met de opname van eiwit interfereren.
★ Suiker kan voedingsallergieën veroorzaken.
★ Suiker kan zwangerschapsvergiftiging tijdens de zwangerschap veroorzaken.
★ Suiker kan bij kinderen aan eczeem bijdragen.
★ Suiker kan aderverkalking en hart- en vaatziekten veroorzaken.
★ Suiker kan de structuur van het DNA verslechteren.
★ Suiker kan de eiwitstructuur veranderen en hierdoor leiden tot een permanente verandering in hoe eiwitten in je lichaam reageren.
★ Suiker kan de huid verouderen door de collageenstructuur te veranderen.
★ Suiker kan staar (cataract) en bijziendheid veroorzaken.
★ Suiker kan longemfyseem veroorzaken.
★ Hoge suikerinname kan het fysiologische evenwicht (homeostase) van veel systemen in het lichaam verslechteren.
★ Suiker verlaagt de mogelijkheid van enzymen om goed te functioneren.
★ Suikerinname is hoger bij mensen met de ziekte van Parkinson.

- ★ Suiker kan de lever vergroten door de levercellen te laten delen. Tevens kan het de lever vervetten, wat leidt tot non-alcoholic fatty liver disease (NAFLD). Dit is een leververgroting waar alcohol niet de oorzaak van is.
- ★ Suiker kan de nieren vergroten en pathologische veranderingen in de nieren veroorzaken, waaronder nierstenen. Fructose versnelt de toename van nierziekten.
- ★ Suiker kan de alvleesklier beschadigen.
- ★ Suiker kan vloeistof in het lichaam vasthouden (retentie).
- ★ Suiker is vijand nummer één van de darmperistaltiek.
- ★ Suiker kan de doorgang van de haarvaten vernauwen.
- ★ Suiker kan de pezen kwetsbaarder maken.
- ★ Suiker kan hoofdpijn, waaronder migraine, veroorzaken.
- ★ Suiker kan het vermogen tot leren verminderen. Het verlaagt de leermogelijkheden van kinderen en veroorzaakt leerstoornissen.
- ★ Suiker kan een toename in delta-, alfa- en theta-hersengolven veroorzaken, die de mogelijkheid om helder te denken negatief beïnvloeden.
- ★ Suiker kan depressie veroorzaken.
- ★ Suiker kan het risico op jicht vergroten.
- ★ Suiker kan het risico op de ziekte van Alzheimer vergroten.
- ★ Suiker verhoogt het urinezuur, wat de kans op vasculaire dementie vergroot.
- ★ Suiker kan hormonale disbalansen veroorzaken, waaronder verhoogd oestrogeen bij mannen, toename van PMS bij vrouwen en verlaging van het essentiële groeihormoon.
- ★ Suiker kan tot duizeligheid leiden.
- ★ Voedsel met veel suiker verhoogt vrije radicalen en oxidatieve stress.
- ★ Een hoge suikerinname door zwangere vrouwen kan tot een afname in het geboortegewicht leiden. Het is geassocieerd met een tweevoudig verhoogd risico op de geboorte van een kind met een laag geboortegewicht (small forgestational age).
- ★ Suiker is een verslavende substantie.
- ★ Suiker kan vergiftigend werken, net als alcohol.
- ★ Als suiker aan premature baby's wordt gegeven, beïnvloedt dit het gehalte aan koolstofdioxide dat deze kinderen produceren.
- ★ Afname van de suikerinname kan de emotionele stabiliteit verhogen.
- ★ Het lichaam verandert suiker in twee- tot vijfmaal meer vet in de bloedbaan dan het met zetmeel doet.
- ★ De snelle opname van suiker bevordert een excessieve voedselinname bij patiënten met overgewicht.

- ★ Suiker kan de symptomen bij kinderen met ADHD verergeren.
- ★ Suiker beïnvloedt de uitscheiding van elektrolyten via de urinewegen negatief.
- ★ Suiker kan de functie van de bijnieren verslechteren.
- ★ Suiker bezit de potentie om abnormale stofwisselingsprocessen in normale, gezonde individuen te veroorzaken, welke chronische degeneratieve ziekten bevorderen.
- ★ Intraveneuze (in de ader) toediening van suikerwater kan de zuurstoftoevoer naar het brein verminderen.
- ★ Suiker verhoogt het risico op polio.
- ★ Hoge suikerinname kan epileptische aanvallen veroorzaken.
- ★ Suiker veroorzaakt hoge bloeddruk bij mensen met overgewicht.
- ★ Op de intensive care leidt het verlagen van suikers tot een hogere kans op overleven bij de patiënten.
- ★ Suiker kan celdood (apoptose) induceren.
- ★ In jeugdinstellingen was er een afname van 44 procent wat betreft antisociaal gedrag wanneer kinderen een dieet met weinig suiker volgden.
- ★ Suiker droogt pasgeborenen uit.
- ★ Suiker kan tandvleesaandoeningen veroorzaken.
- ★ Suiker veroorzaakt gaatjes in de tanden.
- ★ Suiker geeft een hoger risico op het ontstaan van diabetes type 2.
- ★ Suiker geeft een hoger risico op alvleesklierkanker en op infecties in de darmen, waaronder candida.
- ★ Suiker veroorzaakt stemmingswisselingen, zorgt voor energiedips en vermoeidheid.
- ★ Suiker is een grote (misschien wel dé) veroorzaker van overgewicht.
- ★ Suiker draagt bij aan een verstoring van de hormoonhuishouding, met vrijwel alle ouderdomsziektes en kwaaltjes als gevolg.

Sugarchallenge Support

KIES JIJ OOK VOOR EEN GEZONDE BLOEDSUIKERSPIEGEL?

HET LEZEN VAN DE 100% SUIKERVRIJ-BOEKEN IS EEN GEWELDIGE EERSTE STAP. ECHTER, INZICHT ALLEEN BRENGT GEEN VERANDERING. DAADWERKELIJK RESULTAAT BOEK JE PAS ALS JE ACTIE ONDERNEEMT, ALS JE HET GAAT DOEN!

Sugarchallenge Support-programma's

De Sugarchallenge Support-programma's bieden je daarbij extra ondersteuning. Ze zijn ontwikkeld vanuit de praktijk, voor Sugarchallengers, door Sugarchallengers. Ze helpen je om je gezondheid te verbeteren en (dit keer wél) blijvend jouw gezonde gewicht te behalen. Dankzij meer inzicht in de werking van je bloedsuikerspiegel en hoe je deze in balans brengt en houdt. Op die manier heb je nooit meer last van honger- en snaai-aanvallen, ervaar je veel meer energie, krijg je een gezondere huid, heb je meer weerstand en minder last van hoofdpijn en migraine. Je bloeddruk verbetert en allerhande 'ouderdomskwaaltjes' en ziektes zullen verminderen.

'SUGARCHALLENGE VOORBEREIDINGSPROGRAMMA'

Stap 1: gratis 10 dagen ondersteuning en alvast een beetje proeven aan een suikervrije leefstijl tijdens de voorbereiding op jouw Sugarchallenge. Je ontvangt iedere dag een inspiratiemail met informatie en tips die je helpen om je optimaal voor te bereiden op jouw suikervrije uitdaging. Je kunt deelnemen aan dit programma als je het boek 100% Suikervrij in 30 dagen hebt gelezen.

SUGARCHALLENGE BASISPROGRAMMA

Stap 2: 30 dagen volledige ondersteuning bij het in balans brengen van jouw bloedsuikerspiegel tijdens de suikervrije fase (jouw Sugarchallenge). Met een eigen Facebookgroep, kant-en-klare suikervrije dagmenu's en recepten, mentale ondersteuning en uitgebreide e-zines vol tips en informatie.

SUGARCHALLENGE VERVOLGPROGRAMMA

Stap 3: 60 dagen volledige ondersteuning na afloop van jouw Sugarchallenge bij het in balans houden van jouw bloedsuikerspiegel en de omschakeling naar jouw suikerbewuste leefstijl. Met diepgaande informatie over het managen van een blijvend gezonde bloedsuikerspiegel, suikerbewuste dagmenu's en recepten, uitgebreide mentale ondersteuning en diepgaande e-zines en inzichten.

SUGARCHALLENGE DIABETENPROGRAMMA

90 dagen Sugarchallenge-ondersteuning speciaal voor diabeten. Met uitgebreid ebook en een stappenplan dat ondersteunt bij de verschillende Sugarchallenge-fasen, uitleg over de zelfregulatie van insuline en medicatie, aangepaste spelregels voor diabeten, dagmenu's en recepten, mentale ondersteuning en e-zines met tips, informatie en inzichten.

SUGARCHALLENGE FITNESSPROGRAMMA

Sport jouw bloedsuikerspiegel gezond! Dit programma is exclusief verkrijgbaar bij gecertificeerde personal trainers en de betere fitnesscentra.
Kijk op de Sugarchallengesite waar je terecht kunt. '

100% Suikervrij-boeken en e-books

100% Suikervrij in 30 dagen!

Uitgebreide informatie over de gevaren van een te hoge suikerconsumptie. Besproken worden de verschillende soorten suiker, redenen waarom we suiker eten, de effecten van suiker op je gezondheid, hoe je een suikerverslaving herkent en wat je eraan kunt doen. Ook helpt het boek je ontdekken waarom diëten niet werken en hoe het komt dat je dikker wordt van suiker en snelle koolhydraten (en niet van vet).
Op de Sugarchallenge-site kun je gratis het eerste hoofdstuk downloaden. In de Sugarchallenge-webshop kun je een gesigneerd exemplaar bestellen.

100% Suikervrij Basiskookboek

Ruim 100 suikervrije recepten voor jouw nieuwe leefstijl. Dit boek brengt je terug naar de basis, naar koken vóór het tijdperk van de pakjes, bakjes en zakjes. Met daarbij een volledige inleiding in de basisprincipes van een gezonde bloedsuikerspiegel! Op de Sugarchallenge-site kun je gratis een inkijkje in het boek downloaden. In de Sugarchallenge-webshop kun je een gesigneerd exemplaar bestellen.

DE SIMPEL SUIKERVRIJ KOKEN-SERIE bestaat uit overzichtelijke e-boeken die je helpen om de suikervrije keuken steeds beter in de vingers te krijgen. Hierdoor ben je in staat om bij iedere gelegenheid lekkere suikervrije gerechten op tafel te toveren! Er komen regelmatig nieuwe titels uit en uiteraard zijn alle recepten 'Sugarchallenge-proof'!

Sugarchallengeshop

IN DE SPECIALE SUGARCHALLENGESHOP KUN JE TERECHT VOOR ALLERHANDE SUIKERVRIJE EN 'SUGARCHALLENGE-PROOF' PRODUCTEN. SHOP HIER DE 100% SUIKERVRIJ-BOEKEN (UITERAARD GESIGNEERD), DE SIMPEL SUIKERVRIJ DIGITALE KOOKBOEKEN, ANDERE SUIKERVRIJE RECEPTENBOEKEN, SUGARCHALLENGE-PAKKETTEN EN MEER. KOM EENS LANGS OP **WWW.SUGARCHALLENGESHOP.NL** EN LAAT JE VERRASSEN DOOR DE VELE SUIKERVRIJE MOGELIJKHEDEN!

Overig

SUGARCHALLENGE-PAKKETTEN

Alle benodigde ingrediënten voor jouw Sugarchallenge in een handomdraai in huis. Dat is mogelijk met de Sugarchallenge-pakketten. Hierin vind je de basisproducten voor jouw nieuwe gezonde leefstijl die in de supermarkt (nog) niet of lastig verkrijgbaar zijn. De pakketten zijn verkrijgbaar in de Sugarchallengeshop.

100% SUIKERVRIJ-LEZINGEN

Tijdens de 100% suikervrij-lezingen staan suiker en jouw gezondheid centraal. Op een entertainende manier ontdek je hoe onze suikerrijke maatschappij in elkaar zit en ontvang je tips en handvatten die je direct praktisch kunt inzetten bij de omschakeling naar jouw suikerbewuste leefstijl. Kijk op de Sugarchallenge-site wanneer er een lezing is bij jou in de buurt of wat de mogelijkheden zijn om zelf een lezing te organiseren!

WORKSHOPS BLOEDSUIKERSPIEGELMANAGEMENT

Ontdek de basisregels voor het bereiken en behouden van een gezonde bloedsuikerspiegel en hoe je deze kunt toepassen in jouw leefstijl. Na afloop van deze workshop ga je de deur uit met een kant-en-klaar plan van aanpak dat je helpt om jouw bloedsuikerspiegel in balans te brengen en te houden!

OPLEIDING VOOR CERTIFIED SUGARCHALLENGE COACH

Word ook een wegwijzer die mensen helpt om zonder dieet, maar met heerlijk eten en een gezonde leefstijl hun bloedsuikerspiegel in balans te brengen en hun gezondheid terug te vinden én te behouden! Kijk op de Sugarchallenge-site voor uitgebreide informatie over deze unieke opleiding!

SUGAR-CHALLENGE BY CAROLA VAN BEMMELEN

Gratis ondersteuning

WWW.SUGARCHALLENGE.NL

Op de uitgebreide Sugarchallenge-website vind je veel inspirerende blogs, suikervrije recepten, (kook)boekentips, video's en andere informatie die jou ondersteunt bij het vinden van jouw suikervrije weg. Neem gerust eens een kijkje!

SUIKERSPIEKPAS

De meest gebruikte 'suikerschuilnamen' op productverpakkingen bij elkaar op een handige 'creditcard' voor in je portemonnee. De Suikerspiekpas is niet te koop, maar ontvang je gratis bij aanschaf van het boek *100% suikervrij in 30 dagen*. Eventueel kun je de Suikerspiekpas ook gratis downloaden op de Sugarchallenge-site.

SUGAR ADDICTION TEST

Ben jij suikerverslaafd? Ontdek het met behulp van de gratis Sugar AddictionTest, die je gratis kunt downloaden op de Sugarchallenge-site.

SUGARCHALLENGE FACEBOOKPAGINA

De Sugarchallenge Facebookpagina (je vindt 'm onder de naam Sugarchallenge) biedt je de laatste actualiteiten en inzichten rondom suiker en gezondheid. Ook vind je op deze pagina de speciale Suikerteller-App waarmee je exact kunt uitrekenen hoeveel suikerklontjes je vandaag hebt gegeten!

SUIKERTELLER-APP

Op de Sugarchallenge-site kun je gratis de speciaal ontwikkelde Suikerteller-App downloaden. Deze app geeft je met één druk op de knop alle informatie over de hoeveelheid suiker in een product en de invloed die het product heeft op jouw bloedsuikerspiegel. Zo kun je heel snel en eenvoudig ontdekken of de producten die je eet Sugarchallenge-proof zijn en bijdragen aan een gezonde bloedsuikerspiegel!

Geraadpleegde bronnen

Literatuur

★ Aloisio, Ted (2004). *Blood never lies*. Llumina Press.
★ Dorenbos, Jolanda en Richard de Leth (2013). *Oersterk koken*. Uitgeverij de Leth.
★ Holford, Patrick (2009). *The Low GL Diet Bible*. Little Brown Bookgroup.
★ Holford, Patrick (2012). *How to quit without feeling s**t*. Little Brown Bookgroup.
★ Hyman, Mark (2012). *The Blood Sugar Solution*. Little, Brown and Company Hachette Book Group inc.
★ Hyman, Mark (2013). *The Blood Sugar Solution Cookbook*. Little, Brown and Company Hachette Book Group inc.
★ Lueb, Dorothé en Gea van der Wal (2011). *Lekker Anders*. Uitgeverij Evenwijs.
★ *Margriet Kookboek*, uitgave 1962.
★ Van der Snoek, Dick en Ineke (2013). *Stevia het zoete alternatief*. Uitgeverij Ankh Hermes.

Interessante websites

★ www.sugarchallenge.nl
★ www.jouw-leefstijl.nl
★ www.chiforlife.nl
★ www.oersterk.nu
★ www.patrickholford.com
★ www.markhyman.com
★ www.marckhofmeester.nl
★ www.foodwatch.nl
★ www.devoedingswijzer.nl
★ www.energiekevrouwenacademie.nl
★ www.voedzo.nl
★ www.natuurdietisten.nl

Dankwoord

ONTZETTEND TROTS BEN IK OP WAT ER ALLEMAAL GEBEURT. DANKZIJ DE INSPANNINGEN VAN VELE MENSEN IS ER STEEDS MEER AANDACHT VOOR EEN SUIKERVRIJE LEEFSTIJL, IETS WAAR IK ONTZETTEND BLIJ VAN WORD. EN DAT HEEFT EEN REDEN...

In de praktijk zie ik hoe mensen opknappen als ze stoppen met het eten van suikers en snelle koolhydraten. Hoe snel ze weer lekkerder in hun vel komen te zitten en ook hoe ze vaak veel plezier beleven aan het (opnieuw) ontdekken van gezonde voeding en het koken van smaakvolle, gezonde maaltijden.

DIT ALLES WAS NIET MOGELIJK GEWEEST ZONDER DE INSPANNING VAN HEEL VEEL BIJZONDERE MENSEN. EEN AANTAL MENSEN NOEM IK GRAAG BIJ NAAM

★ Mijn lieve man Danny, die veel van de gerechten uit dit boek heeft geproefd (ook de mislukte heeft hij heel geduldig en met een grote glimlach weggewerkt...), mijn schrijfstress heeft moeten doorstaan en het mede mogelijk heeft gemaakt dat dit boek er nu ligt.

★ Mijn vriendin Marjolein, die me geweldig heeft geholpen om de rode draad van dit boek duidelijk neer te zetten.

★ Gertie, mijn supercollega en vriendin, zelf het levende bewijs van het feit dat deze leefstijl werkt en die het prachtige voorwoord heeft geschreven.

★ Superkok Marck Hofmeester die samen met mij een groot deel van de recepten uit dit boek heeft vormgegeven.

★ Alle mensen bij de uitgeverij en in het bijzonder Jantine, Marian, Mariska, Mike en Caroline, maar ook Mance en Tanja: dankzij jullie inspanningen wordt de Sugarchallenge steeds bekender en helpen we iedere week meer mensen om hun gezondheid blijvend te verbeteren.

★ Alle Sugarchallenge-deelnemers voor het delen van hun recepten, kennis en ervaringen op het suikervrije pad. Ik hoop nog lang met jullie mee te mogen lopen!

Ik hoop oprecht dat dit boek bijdraagt aan de gezondheid van vele mensen, te beginnen met die van jou en de mensen die jou lief zijn. Hoe heerlijk zou het zijn als er steeds meer mensen komen die lekker in hun vel zitten en genieten van het leven, suikervrij, zoals het bedoeld is!

Carola

Register

Receptenregister

Zakenregister